AF130218

Anonymous

Festgabe zu Bernhard Windscheids fünfzigjährigem Doktorjubiläum

Zwei Abhandlungen

Anonymous

Festgabe zu Bernhard Windscheids fünfzigjährigem Doktorjubiläum
Zwei Abhandlungen

ISBN/EAN: 9783743696136

Hergestellt in Europa, USA, Kanada, Australien, Japan

Cover: Foto ©ninafisch / pixelio.de

Weitere Bücher finden Sie auf **www.hansebooks.com**

FESTGABE

ZU

BERNHARD WINDSCHEIDS

FÜNFZIGJÄHRIGEM DOCTORJUBILÄUM

ZWEI ABHANDLUNGEN

VON

Dr. RUDOLF STAMMLER   UND   Dr. THEODOR KIPP

PROFESSOREN DER RECHTE ZU HALLE A. S.

HALLE a. S.

MAX NIEMEYER

1888

HERRN

Dr. BERNHARD WINDSCHEID

GEHEIMEM RATHE

ORDENTLICHEM PROFESSOR DER RECHTE

ORDINARIUS DER JURISTISCHEN FACULTÄT LEIPZIG

COMTHUR UND RITTER HOHER ORDEN

u. s. w.

UNSEREM HOCHVEREHRTEN LEHRER

ZU SEINEM ACADEMISCHEN JUBELTAGE

AM XXII. DECEMBER MDCCCLXXXVIII

MIT EHRFURCHTSVOLLEN GLÜCKWÜNSCHEN

DARGEBRACHT

RUDOLF STAMMLER   THEODOR KIPP

I

ÜBER DIE METHODE

DER

GESCHICHTLICHEN RECHTSTHEORIE

VON

RUDOLF STAMMLER

———— .. —

I.

„… (es) verhehlen sich gerade die Geistvollsten,
wohin die geschichtliche Ansicht zuletzt führt, die
beunruhigenden Fragen werden abgewiesen … Im
Innern der Schule fehlt es an Einheit und Klarheit des Bewußtseins, und sie dürfte verloren
sein, sollte sie bestimmt angeben, wodurch sie
sich auszeichnet.‟

Stahl, Philosophie des Rechtes I p. XIX.

Wer heute vor unserer juristischen Welt erscheinen will, um
einige allgemeinere Betrachtungen über das Recht ihr vorzutragen,
der muß bewußt sich vorhalten, daß es ein geschlossenes Ganzes
ist, an das er seine Rede richtet. Denn die, auf welche er rechnen kann, daß sie das Ohr ihm leihen, sie haben insgesammt
die Wurzel in dem gleichen Boden, und ein einheitliches Band
einer gemeinsamen Betrachtungsweise umschlingt sie. Die historische Schule ist es, in welche sie sämmtlich gegangen; die geschichtliche Rechtswissenschaft war die Milch, die sie Alle
genährt. Wohl sind nicht Wenige aufgetreten, die der Schule
entwachsen das Gelernte in Selbständigkeit auszubilden bestrebt
waren, und nach neuer Kost stellten Andere oft das Verlangen.
Aber dieses hat nicht gehindert, daß nach wie vor die Juristen
einen Zusammenhalt gerade durch das Mittelglied geschichtlicher
Jurisprudenz haben; und daß bei allem Auseinandergehen eine
gemeinsame Grundstimmung herrscht, wohl werth, daß man dieselbe trotz vieler Vorgänger in erneute und von den Letzteren
abweichend angelegte Erwägung ziehe. Auch wird es bei der
geschilderten Sachlage veranlaßt sein, auf die kritische Prüfung
der Lehrmeinung jener gedachten Richtung zunächst einmal die
Erörterung zu beschränken.

Nun bedeutet aber die Grundlehre der „geschichtlichen Rechts-
schule‟ eine bestimmte Rechtsphilosophie. Sie zielt auf eine
Meinungsabgabe über das Recht, auf eine Aufspürung der Ent-

1 *

stehung des Rechtes in der Absicht allgemeingültiger Feststellung. Sie gründete nicht eine Zeitschrift für die Erforschung der
Geschichte des römischen, germanischen oder sonst eines Rechtes,
sondern schuf ein Organ für „geschichtliche Rechtswissenschaft".
Alle ihre konkreten Ansichten leiten sich aus einer grundsätzlichen Betrachtung her, welche gar nicht mehr einen besonderen
Rechtsinhalt zum Gegenstande hat, vielmehr, gänzlich von einem
solchen abstrahirend, die wirklichen Quellen des Rechtes darzuthun bezweckt. Indem wir der grundsätzlichen Eigenthümlichkeit
der historischen Schule nachgehen, bleibt sonach die Frage nach
der guten Behandlung einer bestimmten Rechtsordnung hier aufser
Betracht: vielmehr ist es die Rechts- und Staatstheorie der geschichtlichen Juristenschule, wofür nun auch kurz geschichtliche Rechtstheorie gesagt werden mag, die in Nachstehendem
auf ihren Werth hin geprüft werden soll.

Worin liegt nun das Kriterium dieser geschichtlichen Rechtstheorie?

Hat die grofse Zahl der historischen Juristen, die in Meinungen und Ausführungen oft weit von einander sich entfernen,
einen berufenen Vertreter ihrer Interessen? Gibt es für den
weiten Kreis von Mitarbeitern eine verantwortliche Schriftleitung?

Man wird heutzutage Bedenken tragen müssen, in diesem
Sinne etwa die Gründer der historischen Rechtsschule selbst zu
nennen. Die Neueren haben sie an zu vielen Punkten bewufst
verlassen; vor Allem in der Frage, die vorzugsweise den Anlafs
zum festen Aneinanderschliefsen der geschichtlichen Juristen gegeben hatte: der Frage der Kodifikation. Denn dafs Savigny
nicht sowohl seiner Zeit, als vielmehr jeder irgend welchen den
Beruf zur (kodifizirenden) Gesetzgebung abgesprochen habe, ist
oft genug schon mit Fug hervorgehoben worden; die Neueren aber
sind, wie sie sagen, hier anderer Ansicht.

Wenn jedoch wirklich ein Zwiespalt zwischen der älteren
Richtung und der neueren gemeinen Ansicht vorliegt, so wird es
sich fragen: wie trotz desselben ein gemeinsamer Untergrund
behauptet werden darf. Die nicht selten beliebte Auskunft, dafs
in den Erörterungen Savigny's manches „Einseitige" sich finde,
oder auch, dafs das „Extreme" in seiner Auffassung überwunden
sei, kann unmöglich befriedigen; wenn die Grundsätze, von denen

er ausging, wissenschaftlich feststanden, so gab es für sie derartige Prädikate, wie die gesagten, überall nicht mehr, und ebenso-
wenig für die Konsequenzen, welche sich nothwendiger Weise
aus jenen ergaben.

In der That ist nur von einem Juristen, soviel mir bekannt,
der Nachweis versucht worden, dafs man unter voller Fest-
haltung der Savigny'schen Grundsätze bei tiefer gehender Untersuchung zu anderen Folgerungen hinsichtlich der Gesetzgebung
kommen müsse. Es ist Brinz, welcher in einer ihm hier eigenthümlichen Abgrenzung „Gesetz" von „Recht" scheidet,[1] wovon
jenes „einer politischen, d. i. staatlichen, dieses einer lediglich
geistigen Potenz" entspringe und „zu unterst nichts anderes ist
als ein Urtheil, welches . . seine Autorität lediglich in sich selbst
findet, in seiner Wahrheit und in seiner Stetigkeit, sodann auch
von keiner äufseren, sondern einzig von einer geistigen Macht,
d. i. von der der Jurisprudenz, getragen ist — getragen sein soll."
„Aufgabe der Gesetzgebung besteht in der Aufstellung einer
Lebensordnung nach freiheitlichen, sittlichen, wirthschaftlichen Be-
dürfnissen und Zielen der Zeit, indessen das Juristische etwas
wesentlich Logisches ist." Der Jurist möge als Jurist seine Hand
von der Gesetzgebung lassen, sonst wird er dieselbe in ihrer
staatlichen Aufgabe hemmen, desto mehr dagegen der künftigen
Jurisprudenz Terrain und Entwickelungsfähigkeit im Voraus weg-
nehmen; und die Gesetzgebung sollte gar nicht in das juristische
Gebiet hineinarbeiten, denn in der Region des Urtheils darf nichts
befohlen werden. Daraus ergibt sich — folgert Brinz weiter —
dafs der „politische" Theil einer Kodifikation, der „in Erwägungen
und Tendenzen besteht, welche mit der Jurisprudenz nichts zu
thun haben, wie die Zeiten kommen und gehen", jeder Zeit allerdings in Angriff genommen werden darf, ohne warten zu müssen,
bis die Juristen mit ihren Studien fertig werden; dafs mithin
Savigny in dieser Hinsicht, aber auch nur in dieser, zu weit
ging. „Nach ihrer politischen Seite wäre also Gesetzgebung im
bürgerlichen Rechte stets, nach ihrer technischen dagegen vielleicht niemals indizirt." — Wie freilich „Gesetz" und „Recht",

---

1) Rede über „Rechtswissenschaft und Rechtsgesetzgebung" (1877), ab-
gedr. in Allg. Ztg. No. 277B; Festrede zu Savigny's hundertjährigem Geburts-
tage (1879), bes. S. 8 fg.

oder „Jurisprudenz" und „Gesetzgebung" ganz selbständig neben
einander stehen sollen, ein Jedes inmitten seines prohibitiver
Weise umzollten Gebietes in kühler Neutralität gegen das Andere
verharrend; und wie man bei einer Kodifikation das Eine, das
„Politische", in Angriff nehmen könne, ohne jene zweite Seite,
die sogenannte technische, überhaupt nur zu berühren und in Be-
wegung zu setzen, bleibt gänzlich dunkel.

So hat denn auch die Mehrzahl der neueren Juristen weniger
auf die Folgerungen, wie auf die Vordersätze der älteren historischen Schule den prüfenden Blick gerichtet. Manchmal zweifelnd,
ob die dort als wirkend aufgeführten Faktoren genügend präzisirt
und analysirt, die Art ihrer Wirkung ausreichend festgestellt sei;
zuweilen versuchend, die Lehre durch weiter gehende philosophische Erwägungen sicherer, denn seither zu erweisen, wie es
mit ernster Gründlichkeit zuletzt noch von Kühnast unternommen
worden ist;[2] doch auch gelegentlich mit der Behauptung, dafs
jene Gedanken „mystisch und nebelhaft" seien, und man den
Grundbegriff der Rechtsüberzeugung „im eigentlichen Sinne"
Puchta-Savigny's erst selber noch aufzufinden und klar zu
stellen habe.[3]

Somit geht die Dissonanz weit über die Gesetzgebungsfrage
hinaus; und diese war es ja auch nicht, von der wir hier sprechen
wollten. Aber symptomatisch ist ihr Schicksal immerhin: auch
unabhängig von ihr wuchs die Verschiedenheit der Meinungen
unablässig.

Begeisterte Anhänger des Historismus haben die ältere Richtung des Irrthumes geziehen, dafs sie als Verband, in welchem
das Recht entstehe und durch den sein Charakter bestimmt werde,
immer nur die Nation angäbe; während andere Genossenschaften,
wie Familie, Sippe, Gemeinde es ursprünglich verwirklicht hätten,
auch innerhalb derselben Nation verschiedene Rechtsbildung auf-
kommen könne, endlich ein internationales Recht möglich sei.
Und in anderer Weise ist, schroff abweichend von der älteren
Lehre, das Prinzip der Universalität für die Rechtsentwickelung
aufgestellt worden.

2) Kritik moderner Rechtsphilosophie (1887) S. 6 ff.
3) Vgl. Zitelmann, Gewohnheitsrecht und Irrthum im Arch. f. civ. Pr.
Bd. 66 (1883), bes. S. 371 ff.

Wie aber erst einmal die Rückführung auf den produziren-
den Geist des „Volkes" in dem ganz besonderen und eigenthümlichen Sinne Puchta's fallen gelassen war, da war die Gemein-
samkeit der Lehre in ihrem letzten seitherigen Kennzeichen angegriffen und alle gemeinschaftliche Grundlage bedrohlich in Frage
gestellt. Der „Volksgeist" war das Schibboleth der alten historischen
Rechtsschule gewesen; nun kam dies stetig ab. Durch etwas
Anderes wurde versucht, ihn zu ersetzen; — geschichtliche Juristen
haben denselben philosophirend ignorirt; — seine Existenz ist zu
mehreren Malen unmittelbar geleugnet worden.

So schreitet die Zersetzung weiter vor. Recht deutlich wird
sie auch bei den beständigen Besserungsversuchen für Einzelfragen,
besonders der Rechtsquellenlehre. Stets neue Wendungen tauchen
auf, in denen man an der Hand geschichtlicher Wahrnehmung
die treibenden Faktoren bei der Entstehung neuen Rechtes zu
fassen sucht; und immer wieder geschieht eine Reassumtion und
versuchte bessere Führung des Grenzstreites zwischen Staatsgesetz-
gebung und Gewohnheitsrecht. Hier wird sich um die Bedeutung
der thatsächlichen Übung und Gewohnheit für die Rechtsbildung
gemüht; und dorten sehen wir der Ansicht von einem in der
Stille schreitenden Entwickelungsprozesse die Behauptung von der
Begründung des Rechtes im Kampfe, durch Macht entgegengesetzt.

Nach solchen und vielen anderen gleichgehenden Beobachtungen könnte es scheinen, als ob die historische Rechtsschule
den gemeinsamen Ausgangspunkt für die heutigen Juristen selber
nur in geschichtlicher Bedeutung abgebe; als wenn eine gemeinschaftliche Grundstimmung lediglich in der negirenden Position
gegenüber der vor der geschichtlichen Rechtswissenschaft gewesenen
Rechtstheorie gelegen sei.

Allein dem ist nicht so. Eines hat vielmehr die heutige
Jurisprudenz von der geschichtlichen Rechtsschule bewahrt, ein
gemeinsames Kriterium von positivem Inhalte und bestimmender
Bedeutung für Alle: die Art und Weise des wissenschaftlichen
Verfahrens, die Methode.

In das unbekannte Innere des Landes gedachten sie forschend
einzudringen; aber die Punkte der Küste, von denen aus die
Einzelnen es unternahmen, waren hundertfältig verschieden, und

diejenigen, so denselben Ausgang hatten, trennten sich zumeist gar bald, um auf eigene Faust ein Jeder vorzugehen. Verschieden war denn auch der Erfolg, und nur Dieses Allen gemeinsam zu eigen: in gleicher Weise übten sie die Kunst des Wegebaues und nach denselben Regeln warfen sie ihre Strafsen auf.

Die Art und Weise der Fragestellung, welche durch die historische Rechtsschule aufgekommen ist, kennzeichnet sich dadurch, dafs man sucht: welche Faktoren thatsächlich bei der Erzeugung von Recht betheiligt sind. Was ist die wirkliche Wurzel von Recht und Staat; wie beschaffen sind die thatsächlich treibenden Ursachen der Rechtsbildung; welches die faktischen Quellen des Rechtes? Man ist bemüht, die bei Rechtsentstehung thatsächlich wirkenden Kräfte in eine einheitliche Formel zu fassen; man hat das Bestreben, die Schaffung von Recht auf einen letzten festen Faktor zurückzuführen.

Und die Methode, in welcher diese Richtung sich vollendet, besteht in der Verallgemeinerung von geschichtlichen Vorgängen, die sich bei rechtlichen Neubildungen beobachten lassen; verbunden aber bei den Neueren mit der bewufsten Forderung, dafs dieses ausschliefslich das zutreffende Vorgehen für philosophische Erwägungen in Dingen des Rechtes sei. Prinzipien des Rechtes zu suchen, sagt beispielsweise Dahn, ist „nur möglich in der empirischen Erforschung der geschichtlichen Rechte." [4]

Einheitliche Formulirung der thatsächlichen Gründe aller Rechtsentstehung auf Grund verallgemeinernder geschichtlicher Forschung, — darin erscheint die Methode der geschichtlichen Rechtstheorie beschlossen.

Hiermit ist die oben aufgeworfene Frage nach einem gemeinsamen Kriterium der Grundstimmung in der heutigen Jurisprudenz beantwortet. Die Probe mit weiteren ausführlichen Belegstellen zu machen, dürfte wohl unnöthig sein; es ist ja oben genugsam angedeutet worden, dafs auch die sogenannten Gegner der historischen Schule regelmäfsig sie nur in ihren Ergebnissen, und nicht in der Fragestellung und Methode, wie sie soeben konstatirt wurde, angegriffen haben. Und dafs auch ganz abgesehen von

---

4) Die Vernunft im Recht (1879) S. 13.

ausdrücklichen literarischen Kundgebungen die gekennzeichnete Art und Weise des wissenschaftlichen Vorgehens und Verfahrens bei den Juristen der Neuzeit als die allein richtige und allein berechtigte gilt, so dafs man sie als die bei ihnen durchweg herrschende Meinung betreffs der Theorie des Rechtes bezeichnen kann, ist mir zweifellos.

Andererseits ist die Einheit innerhalb der jetzigen Rechtswissenschaft bezüglich unserer Fragen auf das genannte formale Moment beschränkt; im Übrigen ist in Allem und Jedem eigenartiges Auseinandergehen und wirre Fülle der Meinungen zu beobachten. Noch werden die immer zahlreicher gewordenen Autoren durch das nun öfter genannte Band, durch die Art der Frage und des Verfahrens, zusammengehalten, allein um ein gemeinsames Ergebnifs im Dienste jenes Bindegliedes zu erreichen, erweist sich dieses viel zu schwach, die Selbständigkeit der Einzelnen schon allzu grofs. Wer heute das Auge über das bunte Gewirr der hierher gehörigen Literatur schweifen läfst, den mag leicht ein Gefühl überkommen, wie beim Anblicke des heiligen römischen Reiches deutscher Nation in dessen letzten Zeiten: viele, sehr viele partikulare Existenzen mit mehr oder weniger Unabhängigkeit, und doch für die akademische Betrachtung wenigstens all ihre Macht ableitend von dem der aktuellen Gewalt selber ziemlich baar gewordenen Kaiser.

Als Mittel und Weg zu allgemeingültiger Rechtserkenntnifs ist diese Methode in der That erst von der historischen Rechtsschule aufgebracht worden und seitdem als gemeinsam bei den Juristen geblieben. Während aber die Älteren, wie wir sehen werden, gar nicht so ausschliefslich eine Beschränkung auf sie als allein zulässige rechtsphilosophische Methode behaupteten, thut dies die heute herrschende Meinung vollständig. Es wird dies von ihr augenscheinlich für einen Fortschritt gehalten und danach eine immer schärfer durchgeführte Exklusivität in der Art und Weise der wissenschaftlichen Untersuchung erstrebt.

Wir gehen dazu über, die Methode der geschichtlichen Rechtstheorie auf ihre Tüchtigkeit und ihr Können hin zu prüfen.

II.

„Es ist schon ein grofser und nöthiger Beweis der
Klugheit oder Einsicht, zu wissen, was man vernünftiger Weise fragen solle. Denn, wenn die Frage an
sich ungereimt ist und unnöthige Antworten verlangt,
so hat sie aufser der Beschämung dessen, der sie auf-
wirft, bisweilen noch den Nachtheil, den unbehutsamen
Anhörer derselben zu ungereimten Antworten zu ver-
leiten, und den belachenswerthen Anblick zu geben,
dafs einer (wie die Alten sagten) den Bock melkt, der
andere ein Sieb unterhält."

Kant, Kritik der reinen Vernunft 2. A. S. 82.

Wenn man von der Art und Weise des Vorgehens und Verfahrens in Wissenschaften spricht und die Methode einer bestimmten Richtung auf ihre Tauglichkeit hin in das Auge fafst, so
mufs begreiflicherweise vor Allem das Ziel klar stehen, auf welches man losstrebt. Was verlangt man eigentlich zu wissen?
Was kann letztlich vernünftigerweise gefragt werden? Wenn
darüber erst Einvernehmen herrscht, wird auch über den Werth
der einzelnen Lehrart, vermöge welcher man ein zufriedenstellendes
Ergebnifs erhofft, eine Übereinstimmung erzielt werden können.

Nun handelt es sich, wie gesagt, bei der geschichtlichen
Rechtstheorie um eine rechtsphilosophische Betrachtung, um Erwägungen, welche aufserhalb der Erkenntnifs irgend welcher
besonderen Rechtsordnung gelegen sind. Damit ist von jeher
etwas vom Hauche des Zwiespaltes, der ob der Aufgabe und dem
Berufe der Philosophie überhaupt waltet, auch über unser Feld
hinweggezogen. Hat doch sogar, nach Dahn[5], der Philosoph das
Bedürfnifs, „sein Prinzip auch an dem in der Geschichte vor-
gefundenen wichtigen Rechts- und Staatsgebilde zu erproben";
so dafs, wer dieses wollte, auch einen Streit über philosophische
„Prinzipien" hereinziehen könnte.

Jedoch auch Derjenige, welcher nicht als Rechts-Philosoph,
sondern als philosophischer Jurist an unsere Frage herantritt; der

5) Bausteine IV, 1 (1883, geschrieben 1869) S. 146.

nicht von einem philosophischen „Prinzip" zu der konkreten Erscheinung des Rechtes herunterzusteigen gedenkt, vielmehr über die Kenntnifs von bestehenden Rechtsordnungen hinaus etwas von dem Rechte· zu wissen wünscht: ein Jurist, welchem bei dem Suchen nach demjenigen, was sich allgemeingültig und nothwendig in Dingen des Rechtes feststellen lasse, eine Philosophie, die Wissenschaft ist, zum Leitstern und methodischen Vorbild dienen kann und soll, aber nicht das Problem selber zu liefern vermag, — auch ein solcher wird eine Sicherheit und eine Einheit in der Aufwerfung von Grundfragen in den seither vorliegenden Schriften vermissen.

Denn wenn man auch von der famösen Kundschaftung nach dem allerersten Anfange des Rechtes in dieser Welt überhaupt gänzlich absieht, so war mit den beliebten Auskünften, dafs man „Wesen", „Prinzipien", „Natur", „Urgrund" erforschen möchte, für .die Frage: was man letztlich wissen wolle, wenig genug gewonnen. Dabei kommt es zu leicht doch wieder auf die Hineinschiebung der Betrachtung des Rechtes in ein inhaltlich schon ausgeführtes und geschlossenes philosophisches System hinaus. Zum Mindesten bleiben jene Fragen, wenn sie nicht gar in sich selber heimlich schon die Antwort tragen, zunächst unverständlich und harren noch der Erläuterung und Darlegung des Sinnes, in welchem sie gemeint sind. Ein festes Ziel wissenswerther Erkenntnifs, Allen sicher erkennbar, tauglich zur Bestimmung der Leistungsfähigkeit eines bestimmten wissenschaftlichen Vorgehens, sind jene ganz gewifs nicht.

Allerdings hat man des Öfteren auf eine einheitliche Formulirung des Problems verzichtet und die letzte Frage in eine Summe von einzelnen Fragestellungen aufgelöst. In recht viele, gewöhnlich; wenn man erst aufzuzählen beginnt, reiht sich bald eines an das andere; schnell ist der Hörer mit einigen Dutzend von Fragen überschüttet, und der wirre Katalog schliefst mit einem „Und so weiter" oder der Versicherung seiner leichten Vermehrung."[6] Allein dies kann für die hier gewünschte Aus-

---

6) Ahrens, Recht und Rechtswissenschaft im Allgemeinen, in Holtzendorff's Rechtsencyclopädie, 2. A. (1873) S. 21. Gierke, Naturrecht und deutsches Recht (1883) S. 5 fg.

kunft nichts nutzen; denn soweit nicht überhaupt nur in das
Blaue hinaus gefragt ist, stellen sich die einzelnen Zweifelspunkte
lediglich als bestimmte Ansichten und Ausführungen rechtsphilosophischer Schriftsteller dar, nur für diesmal in fragendem Ge-
wande vorgeführt. Da nun bei diesen die Aufwerfung des
Problems schon vorausgesetzt sein mufs, sei es auch nur stillschweigend angenommen oder versteckt zum Grunde liegend: so
sind wir der Klarlegung einer vernünftigen Grundfragestellung
mit der lediglichen Anführung mannigfacher allgemein gehaltener
Betrachtungen über das Recht um Nichts näher gerückt. —
Es wird darauf ankommen, zuzusehen: ob es nicht Zweifels-
fragen allgemeiner Art gibt, zu deren Aufwerfung der Jurist im
Nachdenken über eine bestimmte Rechtsordnung von selbst getrieben wird, ohne dafs er sie doch aus der Erkenntnifs seines
besonderen Rechtes oder irgend eines anderen beantworten könnte.
Es müssen scharf gefafste, jedem Verständigen klar erkennbare
Probleme sein, die gerade in ihrer Aufwerfung auch noch gar
keinen Hinweis auf irgend eine erwartete Antwort enthalten.
Solcher Probleme gibt es nun zwei. Denn es fragt sich
Zum Ersten: Ob dasjenige, was Recht ist, auch Recht
sein sollte?
Und Zweitens: Wie es möglich ist, dafs aus Rechtsbruch wieder Recht entstehen kann?
Hier hat man zwei Aufgaben, von denen sich Jeder leicht
überzeugen kann, dafs sie den geforderten Ansprüchen genügen
und die Mängel der oben genannten letzten Fragestellungen vermeiden. Freilich wird man bei dem Unternehmen, ihnen eine
befriedigende Lösung zu verschaffen, auf ähnliche Bedenken und
Fragen, wie sie vorhin als oftmals aufgeworfene berichtet wurden,
als Mittelglieder leicht gestofsen werden können. Aber man hat
nun doch in unseren Problemen sicher festgestellte Aufgaben, in
Bezug auf welche an und für sich ein Mifsverständnifs wohl
nicht wird auftreten können; so dafs man eine gröfsere Gewähr
haben mag, nicht so schnell auseinander zu laufen und so leicht
sich zu verirren, wie es ansonsten so oftmals geschehen ist.
Vor Allem — womit wir auf unseren Eingang wieder zu-
rückkommen — kann nun auch mit Gewifsheit Einiges über
Werth und Tauglichkeit eines bestimmten wissenschaftlichen Ver-

fahrens ausgemacht werden. Es kann jetzt schon gefragt werden, ob die Methode der geschichtlichen Rechtsschule zu einer ausreichenden Auflösung unserer Aufgaben und einer darauf sich erst aufbauenden allgemeingültigen Theorie des Rechtes überall zu führen vermag. Nun mag es sein, dafs man auch hier in kritischer Absicht kaum etwas wird ausführen können, ohne zugleich andeutend zu verrathen, was man darüber im eigenen Kopfe trägt. Dennoch werden sich die nachstehenden Erwägungen ausschliefslich mit der geschichtlichen Rechtstheorie befassen und sollen namentlich auch auf andere, methodisch davon abweichende rechtsphilosophische Untersuchungen nur insoweit eingehen, als dadurch die Rechtstheorie jener Schule eine klärende Beleuchtung erhalten kann. Zweifel und Bedenken sind es, welche der kommenden Erörterung ihren Inhalt verleihen. Hat man aber auf die oben gekennzeichnete durchgängige Grundstimmung unserer dermaligen Jurisprudenz Acht, so wird, wie ich meine, die gesagte Begrenzung des Thema's genügend veranlafst erscheinen, mag auch unsere nachstehende Ausführung — die aus einem weiteren Kreise der Studien des Verfassers genommen wurde — für die positiv lösende Antwort einen, so zu sagen, programmatischen Charakter nur haben.

Denn das wird das Ergebnifs unserer heutigen Betrachtung sein: dafs die Art der Fragestellung und die Methode der geschichtlichen Rechtstheorie unseren beiden Problemen überhaupt nicht gerecht werden kann; dafs das Verfahren und Vorgehen der historischen Rechtsschule in seiner Eigenart gar nicht im Stande ist, jene beiden dem Juristen immer wieder entgegen tretenden Aufgaben zufriedenstellend zu lösen. Die nach dieser Lehrart vorschreitende Untersuchung vermag das nicht zu leisten, was man von einer philosophischen Grundlegung für die Rechtswissenschaft verlangen mufs; sie ist zur Klarstellung und Erweisung einer Theorie des Rechtes ungenügend, und mithin die Meinung mancher Anhänger jener Richtung, dafs die mit ihr gegebene Beschränkung das allein Richtige sei, wissenschaftlich unhaltbar.

III.

„... Der Rechtsgelehrte, aber nur der philosophische Rechtsgelehrte ist zum Rathgeber
für den Gesetzgeber des Staats berufen."
Feuerbach, über Philosophie und Empirie in
ihrem Verhältnisse zur positiven Rechtswissenschaft
S. 94.

Die erstere unserer Fragen haben wir dahin gefafst: „ob dasjenige, was Recht ist, auch Rechtens sein sollte;" sie lautet nicht
schon dahin: „Was Recht sein sollte." Das würde bereits voraussetzen, dafs man ein solches Allgemeines überhaupt zu bestimmen
im Stande wäre, und könnte mithin gar nicht mehr eine letzte
sichere Fragestellung liefern. Unsere Frage läfst also die Möglichkeit, unabhängig von der Erkenntnifs geschichtlichen Rechtes inhaltlich etwas über das Recht auszumachen, ganz dahin gestellt;
sie nimmt Nichts vorweg, als dafs Recht wirklich ist, um daran
das Bedenken, das wir nannten, anzuknüpfen. Denn mit der Kunde von dem Rechte, welches gilt, beruhigt
sich menschliches Denken nimmer. Aus hundertfältigem Anlasse
steigt der Zweifel an dem thatsächlich Gewordenen auf; in tausend-
fachem Auflodern tritt allezeit die unwillige Skepsis drohend vor
das Bestehende, Antwort heischend, Ausweis fordernd. Die
äufserste Frage, die dem „Rechtsgelehrten" nahen kann, ist die
nach dem Rechte seines Rechtes. Vor welchem Richterstuhle
kann dies ausgemacht werden? Wie soll das Prozefsverfahren
sein, um es festzustellen?

Indem wir sehen wollen, wie die geschichtliche Rechtswissenschaft hierzu Stellung nimmt, mag zunächst konstatirt sein,
dafs die Thätigkeit, in welcher sie ihren Schwerpunkt sieht, die
Erforschung rechtsgeschichtlicher Entwickelung für diese

hier aufgeworfene Frage selbstverständlich aufser Betracht bleiben mufs. Auch durch die genaueste Darlegung des Entwickelungsganges, den eine Rechtsregel oder ein Rechtsinstitut genommen, kann der Zweifel, von dem die Rede ist, nicht zum Schweigen gebracht werden; Frage und Antwort decken sich gar nicht ihrer Art nach. Wer möchte einer sozialdemokratischen Forderung mit der Geschichtserzählung begegnen, wie beispielshalber die jetzige kapitalistische Produktionsweise oder diese oder jene Gestaltung des Privateigenthums sich entwickelt habe! Oder bedarf es noch der besonderen Hinweisung, dafs die verhängnifsvolle Auskunft „es erklärt sich geschichtlich" letztlich doch Nichts bedeutet, als dafs das also „Erklärte" jetzt — wie man gemeiniglich zu sagen pflegt — keinen Sinn und Verstand mehr habe!

Nun kann ein solches Urtheil in concreto ja lediglich sagen wollen, dafs eine Einzelerscheinung innerhalb einer Rechtsordnung nur im Zusammenhalte mit anderen ihres Gleichen begreiflich war. Aber unsere Zweifelsfrage beschränkt sich nicht auf derartige Relation einzelner Rechtserscheinungen. Sie fordert die rechtlichen Satzungen in ihrer Berechtignng auch aufserhalb des Zusammenhanges des historischen Rechtes und geht über die Betrachtung des Innern eines Rechtssystemes ganz hinaus: sie mifst (mag der Aburtheilende sich dessen bewufst sein oder nicht) nothwendiger Weise an einem von dem geschichtlichen Rechte unabhängigen Mafsstabe; und begehrt nach einem objektiven Prinzipe, das bei der Beurtheilung besonderen Rechtes als sichere Norm zum Grunde gelegt werden kann.

Was verspricht nun die Methode der geschichtlichen Rechtstheorie zur Lösung dieser Aufgabe beizutragen?

Diese Art und Weise des Vorgehens ist, wie wir gesehen haben, zuletzt darauf gerichtet, die Kräfte allgemein zu suchen, welche bei der Bildung von Recht thatsächlich wirken, die Bestimmungsgründe möglichst einheitlich zu formuliren, unter denen die Rechtsentwickelung wirklich zu stehen pflegt. Nun sind die Ergebnisse dieses Suchens gelegentlich ja sehr abweichend gewesen, und die Antworten nach den thatsächlichen Einflüssen und faktischen Ursachen oft verschieden ausgefallen. Aber wie dieselben auch immer lauten mögen: das läfst sich ganz von Vorne herein zeigen, dafs zwischen ihnen und unserem Problem zunächst

eine breite Kluft besteht, und beide in ihrer Eigenart niemals
zur Deckung gebracht werden können.

Denn ob jene thatsächlichen Bestimmungsgründe der Rechtsbildung so und nicht anders wirken mufsten, ob die vorliegende
Entwickelung nothwendiger Weise sich vollzog, — das ist die
erste Frage. Sind es denn ausschliefslich „Naturkräfte", die hier
in Betracht kommen; steht die Bildung von Recht unter zwingen-
der Kausalität der aufgespürten Ursachen? Ist mithin die Frage,
ob das bestehende Recht auch so sein sollte, nicht von Vorne
herein als inept abzuweisen, der vorhin genannte Zweifel wegen
lediglich natürlicher Eigenschaft des Bezweifelten gänzlich unberechtigt?

„Das Verwerfen des Gegebenen ist der Strenge nach ganz
unmöglich, es beherrscht uns unvermeidlich, und wir können
uns nur darüber täuschen, nicht es ändern."[7]

Vielleicht ist dies die Meinung mancher der heutigen Anhänger der „geschichtlichen Rechtswissenschaft" — es wäre so
übel nicht: weitere Versuche zersetzender Kritisirung des Inhaltes
unseres Entwurfes könnten dann bei den auf gute Worte ja doch
nicht hörenden „Naturkräften" gespart werden — vielleicht auch
nicht.[8] Wie viel derartiger Meinung der einen oder anderen Art
in dem Bemühen auf die faktische Entwickelung verborgen ist,
bleibt allzu sehr versteckt und dunkel, als dafs man es sicher
wohl sagen möchte; auch der Beifall, den der unglückselige Vergleich der Setzung des Rechtes mit der Ausbildung des Natur-
produktes der Sprache bei Manchen gefunden, klärt die wahre
Meinung derselben nicht auf. Und doch hätte die bewufste
Scheidung der Angabe thatsächlich bestimmender Kräfte von
der Prüfung der Naturnothwendigkeit ihrer Wirkung den
Juristen nahe genug liegen können: quaestio facti — quaestio
iuris; von der letzteren aber ist hier die Rede. Die blofse

---

7) Savigny, in Zeitschrift für geschichtliche Rechtswissenschaft, Bd. I
(1815) S. 4; — s. auch das. S. 6: „Den mit innerer Nothwendigkeit gegebenen Stoff."

8) Neuestens Bekker, System und Sprache des Entwurfes u. s. w. (1888)
S. 65 „Naturgesetze der Rechtsentwickelung", und gleich daneben die Forderung, dafs das Recht „brauchbar sein soll für die Zwecke, die wir damit
erreichen wollen."

Feststellung dagegen, dafs thatsächlich die und die Faktoren beeinflussend aufgetreten sind, kann für die Berechtigung dieses Vorganges gar Nichts ausmachen.

Denn sind die rechtlichen Gesetze nicht vielleicht auf das Wollen vernünftiger Subjekte zurückzuführen, für welche nun allererst die Frage: Wie sie bei Setzung heteronomer Regeln, welche das Recht ausmachen, handeln sollen, — möglich ist? So dafs die Bildung des Rechtes nicht in Naturnothwendigkeit sich vollendet, sondern auf Freiheit des Gesetzgebers (um mich jetzt kurz so auszudrücken) zurückgeht?

Es ist bekannt, in welchem schlimmen Sinne solche Frage schon aufgefafst worden ist. „Hierüber lehren die Einen, dafs jedes Zeitalter sein Daseyn, seine Welt, frey und willkührlich selbst hervorbringe;" daher werde — glaubt Savigny — nach dieser Meinung „das Recht in jedem Augenblicke durch die mit der gesetzgebenden Gewalt versehenen Personen mit Willkühr hervorgebracht, ganz unabhängig von dem Rechte der vorhergehenden Zeit, und nur nach bester Überzeugung, wie sie der gegenwärtige Augenblick gerade mit sich bringe."⁹ Und in anderer Wendung nur sagt ein späterer geschichtlicher Jurist „Es ist eine naive kindliche Vorstellung, dafs das Recht von den Königen gemacht werde, und dafs sie es nach Belieben so oder so wendeten."¹⁰ —· Wird es nöthig sein, auch heute, da wieder, wie man versichern hört, die philosophische Erwägung neben dem nur „geschichtlichen Sinn" im Aufblühen begriffen ist, derartige Suppositionen von der eben formulirten Frage abzuwehren? Ausdrücklich zu versichern, dafs der „freie Gesetzgeber" als nichts weniger, denn als höheres Wesen vorzustellen sei, das von der Sinnenwelt geschieden in seinen Handlungen einer Kausalität nicht unterworfen wäre?

Freilich steht ja die Setzung von „Recht" ebenso selbstverständlicher Weise unter empirischen Bestimmungsgründen, wie jede irgend welche menschliche Handlung. Aber sind jene so nöthigend, dafs es gar nicht anders sein konnte — oder aber ist nicht der Recht

---

9) Savigny a. a. O. (N. 7) S. 3 und 6.

10) Bruns, in Holtzendorff's Rechtsencyclopädie 4. Aufl. (1882) Geschichte und Quellen des römischen Rechtes § 2.

Setzende von bestimmenden Ursachen der Sinnenwelt dahin unabhängig, dafs er durch Vernunft zu demjenigen bestimmt
werden kann, was geschehen soll?

Bei dieser Frage halten wir hier inne. Denn an dieser Stelle,
nämlich zu dem Zwecke der Klärung einer nothwendig letzten
Fragestellung genügt es vollständig, wenn die Möglichkeit der
Alternative in Erinnerung gerufen wird: dafs von ihr die ganze
Erwägung und Beschlufsfassung auf die an der Spitze gestellte
Frage abhängig ist, liegt ja klar zu Tage. An das Recht als
lediglich naturnothwendiges Erzeugnifs kann unser Zweifel mit
Fug nicht gerichtet werden — gegen das Recht als Wollen vernünftiger Subjekte, welches Andere bindet, wird er sonder Auf-
hören sich erheben; und keine Macht der Erde mag ihn zum
Schweigen bringen können, als gute Gründe aus wohl gefestigten
Prinzipien. Die erste Forderung für die Auflösung unseres Problems ist sonach, dafs Jeder Stellung nehme auf einer Seite der
Alternative, die andere dann, dafs bei Bejahung der zweiten der
obigen Fragen (— und wie wollte zuletzt man dem ausweichen!)
nach der Methode der kritischen Philosophie Mafsstab und Norm
gesucht und in ihrem Geltungswerthe festgestellt werden. Dem
kann keine verschiedene Begriffsbestimmung vom Rechte entgehen. Auch der Puchta'sche „Volksgeist", der das Recht, das
ist „eine" gemeinsame Überzeugung der in „rechtlicher" Gemeinschaft Stehenden,[11] bewirken soll, würde vor Allem doch
Rede und Antwort zu stehen haben, ob er unwiderstehliche Natur-
kraft besäfse.

Und nun behaupte ich: die geschichtliche Rechtsschule und
die unter ihrem Einflusse stehende herrschende Lehre der heutigen
Jurisprudenz sind den genannten Postulaten nicht näher getreten
und haben dieselben als unumgänglich nothwendige nicht klar gemacht. Sie haben im Gegentheil die elementare Alternative zu-
rückgestellt und können, indem sie nur eine Verallgemeinerung
thatsächlicher Genesis suchen, den prinzipiellen Mafsstab, auf den
es für die Abschützung empirischen Rechtes ankommt, nun gar

---

11) Diese Definition der Rechtsordnung findet sich in Puchta's Pandekten
§ 10; Rudorff begleitet sie in der von ihm besorgten (11.) Ausgabe des Bu-
ches (1872) mit den Worten: „Über den hier fehlenden Begriff des Rechts
vgl. Trendelenburg, Naturrecht § 46."

nicht angeben. Wohl finden sich allüberall landläufige Erwägungen
des Verhältnisses von Recht und Moral, seltener schon der Beziehung jenes zur Natur; aber einmal sind dieselben regelmäfsig
mehr deskriptiver Art, ·mehr in der Beschreibung thatsächlicher Funktionen aufgehend, von dem Interesse getragen, das
Gebiet des Rechtes, um es dann für sich zu durchstreifen, nach
Aufsen hin abzuschliefsen; zum Andern nehmen diese Betrachtungen durchgängig das Einzelindividuum zum Ausgangspunkte,
um dessen Freiheit oder nothwendige Bestimmtheit erörternd auszuführen, wie es beispielsweise durch Puchta von dem Standpunkte der ihm eigenen dogmatisch aufbauenden Metaphysik aus
unternommen wurde.[12]   Dagegen ist die grundlegende entschei-
dende Fragestellung gar nicht mit Bezug auf den Recht Setzenden zur Anwendung gekommen.[13]   Man hat bei dem Gegensatze der heteronomen und autonomen Regel, in den sich doch
schliefslich alle Scheidung von Rechts- und Sittengesetz auflöst,
wohl den einzelnen dem Gesetze Unterworfenen auf seine Eigenschaft als freies oder als pathologisch bestimmbares Wesen angesehen, aber nicht sich einfallen lassen, zu prüfen: ob die Rechts-
erzeugung ihrerseits unter der Kausalität naturnothwendig wirkender
Ursachen oder unter der der Vernunft stände. Man konnte
es auch nicht, da man sonst der Devise des „Historismus“, der
ausschliefslichen empirischen Erforschung der geschichtlichen Rechte untreu geworden wäre. Blofs mit dieser Art der
Fragestellung aber war es unmöglich, über die Art der Kausalität
bei der Rechts-Setzung in das Klare zu kommen; das geht nur
mit der Methode der kritischen Philosophie, ohne welche jenes
dunkel und unsicher bleiben mufs mit all den schlimmen Folgen,
welche an die Verschleierung eines fundamentalen Gegensatzes
nothgedrungen sich knüpfen. Oder sollte es vielleicht der „geschichtlichen“ Anschauung vorbehalten geblieben sein, ein
Drittes neben jenen beiden Arten von Kausalität zu entdecken,

---

12) In der in dem Kursus der Institutionen vorangestellten „Encyclopädie“ (1841).

13) Eine kurze beiläufige Bemerkung, dafs „die Idee der Naturnothwendigkeit nicht mifsbraucht werden darf, um dadurch das Urtheil über Werth und
Unwerth bestehender Einrichtungen und das Streben nach ihrer Beseitigung
zu beschränken“ — findet sich bei Bruns a. a. O. (N. 10).

2*

ein Anderes, als entweder Naturnothwendigkeit oder Freiheit?
Vielleicht eine Mischung? Gewohnheitsrecht — naturnothwendig,
Gesetzgebung — frei?

Obgleich nun hiernach über diese grundlegende Frage ein
klares Aussprechen seitens der geschichtlichen Rechtstheorie fehlt,
und damit die erste und unerläfsliche Bedingung zur Lösung des
hier aufgeworfenen Problems ermangelt: so hat man andererseits
auf das Suchen nach einem Zielpunkte, auf den Recht gerichtet
sein soll, niemals ganz verzichtet; auch nicht seitens der nur
geschichtlichen Juristen. Das Bedürfnifs nach einer Kritik des
gewordenen Rechtes, auf Grund welcher der Gesetzgeber für
die Weiterbildung verantwortlich gemacht werden soll, wird man
ja niemals los; dafs ein Rechtssatz thatsächlich geschaffen worden
ist, läfst die Frage nach dem Rechte, auch da zu bleiben,
ganz offen, ja regt dieselbe immer wieder an. An irgend einen
Mafsstab müssen die rechtlichen Satzungen angelegt werden können,
um als berechtigt sich auszuweisen.

In diesem Bestreben nach einem Richtmafse für das Recht
mufs man nun nothwendiger Weise und ganz von selbst auf
einer Seite der genannten fundamentalen Alternative Stellung
nehmen. Aber die geschichtliche Rechtstheorie verschmäht es,
dies als grundlegende Erwägung von Vorne herein sicher auszumachen und klar zu legen; und sie fordert, indem sie ohne dieses
vorzuschreiten gedenkt: die Alleinberechtigung der empirischen
Forschung auch für die Lösung der hier in Erwägung stehenden
Probleme. Es ist die Meinung dieser rechtsphilosophischen Richtung, dafs man durch geschichtliche Erkenntnifs zu demjenigen
gelangen möge, was statt des Gewordenen Recht sein soll.

Dies ist in zweifach verschiedener Weise unternommen worden:
einmal wähnte man, zu dem, was sein sollte, lediglich aus der
Erkenntnifs des bestehenden Rechtes gelangen zu können;
zum Zweiten wenigstens durch Erforschung anderer geschichtlicher Thatsachen jenes zu erreichen.

Das Erste ist von einem sonst scharf denkenden Juristen
alles Ernstes vertreten worden.[14] Das Bestehende, meint er,

---

14) Merkel, in Zeitschrift für öffentliches und Privatrecht. Bd. I (1874)
S. 418 fg.; s. auch denselben, in Philosophische Monatshefte Bd. XXIV
(1887) S. 82.

könne den Maßstab für seine eigene Beurtheilung und die Muster-
bilder für seine Umbildung gewähren; das zeige die Analogie
anderer Wissensgebiete: so der Medizin, wobei man aus der Beobachtung des gesunden und kranken Menschen das Bild einer
normalen Konstitution erhalte, oder der Botanik, worin sich ein
Bild von den normalen Formen einer Pflanzenspezies, welches
verkrüppelte und unvollkommene Exemplare von normal gebildeten
unterscheiden läßt, entwickele. — Hier scheint zuvörderst übersehen zu sein, daß weder der „normale" Mensch, noch die „normale" Pflanze Objekte der Erfahrung sind, sondern nur in der
Idee bestehen. Wenn man glauben wollte, daß man zu diesen
durch Beobachtung der in der Erfahrung aufzuweisenden Gegen-
ständo gelange, so wäre das ein Irrthum: nicht empirische
Wahrnehmung, sondern Vernunftschlüsse können hier allein
in Betracht kommen. Vor Allem aber ist es auffällig, wie
in obiger Meinung Aufgaben der Naturerkenntnifs und der Ethik
in unmittelbarer Weise neben einander gestellt und geradezu ver-
mischt werden. Wenn wir die Handlungen des Gesetzgebers
(um diesen Sprachgebrauch zu behalten), als vernünftigen Wesens, in Betracht ziehen, so fragt es sich nach einem Sollen,
nach etwas, was noch nicht geschehen ist, obschon es als objektiv
gültiges Richtmafs des Wollens dient; es handelt sich gar nicht
um daseiende Dinge, um Gegenstände möglicher Erfahrung. Und
umgekehrt — wir sind durch das oben Angeführte zu dieser ele-
mentaren Auseinandersetzung genöthigt — geht die Naturerkenntnifs das Sollen gar nichts an. „Das Sollen drückt eine Art von
Nothwendigkeit und Verknüpfung mit Gründen aus, die in der
ganzen Natur sonst nicht vorkommt. Der Verstand kann von
dieser nur erkennen, was da ist, oder gewesen ist, oder sein
wird. Es ist unmöglich, daß etwas darin anders sein soll,
als es in allen diesen Zeitverhältnissen in der That ist, ja das
Sollen, wenn man blofs den Lauf der Natur vor Augen hat, hat
ganz und gar keine Bedeutung. Wir können gar nicht fragen:
was in der Natur geschehen soll, ebenso wenig, als: was für
Eigenschaften ein Zirkel haben soll, sondern was darin geschieht,
oder welche Eigenschaften der letztere hat."[15]

15) Kant, Kritik der reinen Vernunft (1781), Ausgabe von Kehrbach, S. 438.

So, wie mithin die Frage: ob etwas sein soll, nur in Bezug
auf menschliche Handlungen, als solche vernünftiger Subjekte,
Sinn hat, so mufs dasjenige, wonach diese Frage zu beantworten
ist, aufserhalb des Daseins empirisch gegebener Objekte liegen
und kann nicht durch lediglicho Erforschung der letzteren eingesehen werden. Also mufs auch Zielpunkt und Richtmafs für
vorhandenes Recht in anderer Weise, wie durch Erkenntnifs der
bestehenden und gewordenen Rechtsordnung ermittelt werden.
Indem man sich dieser unumgänglichen Forderung auf anderer
Seite nicht verschlofs und daher einen Mafsstab aufserhalb des
bestehenden Rechtes suchte, ist man freilich über die sonst fest-
gehaltene Beschränkung der geschichtlichen Rechtstheorie auf die
„Erforschung geschichtlicher Rechte" bereits in etwas hinaus-
gegangen; aber man hat doch die empirische Forschung als
auch an dieser Stelle allein berechtigte retten zu können geglaubt:
nur sollte dann nicht aus der Kenntnifsnahme von bestehendem
Rechte, sondern auf Grund geschichtlicher Erforschung anderer
Thatsachen der Mafsstab für jenes aufgestellt werden. Dies ist
die zweite der vorhin in Aussicht gestellten Lehrmeinungen; es
ist diejenige, die man so sehr als weit verbreitete ansehen mufs,
dafs von der Anführung ausführlicher Belege füglich abgesehen
werden darf.[16]

Nach ihr ist das jedem Rechte vorschwebende Ideal, an dem
dieses Recht gemessen würde, selber etwas Geschichtliches.
Daher sei es gleichfalls in historischer Forschung festzustellen;
und der beste Gehülfe auch bei der Erwägung dieser allgemein
für das Recht geltenden Fragen sei der viel berufene „geschichtliche Sinn". Es ist diese Meinung, der es verdankt wird, dafs
die Vorstellung eines „relativen Rechtsideales" aufgebracht

---

16) Sehr prägnant hat dem obigen Gedanken besonders Dahn in wiederholten Ausführungen Ausdruck gegeben. So a. a. O. (N. 4) S. 14 „jede Menschen-
genossenschaft hat ihr eigenes relatives Rechtsideal"; S. 36 „nicht jede
Friedensordnung ist Recht, sondern nur die „vernünftige" das heifst die
von den Genossen für Vernunft gemäfs gehaltene . . . Ein Staat mit Einrichtungen, welche wir für vernunftwidrig halten . . ." Vgl. S. 15; 28; 37.
Ferner a. a. O. (N. 5) S. 195 „das „Ideal" ist nicht ein einheitliches, es ist
bei jedem Volke in jeder Zeit ein anderes; es ist also auch nicht Ein Ideal
die forttreibende Kraft in der Rechtsbildung oder das Vorbild." Vgl. S. 152; 293.

und der Begriff eines besonderen Mafses für jedes Zeitalter
erfunden worden ist. Aber was ist ein „Zeitalter"? Beginnt denn nicht in jedem
Augenblicke ein neues, um im Folgenden sofort wieder durch
ein anderes in das Leben tretendes verdrängt zu werden? Oder
bleiben sie neben einander; und gibt es daher unzählig viele
gleichzeitig, mit zahllosen „besonderen" Mafsstäben?

Möglicherweise ist man indessen mit der Vorstellung zufrieden,
dafs ein Zeitalter ein im Allgemeinen nicht bestimmbares Stück
einer beliebig zerrissenen geschichtlichen Entwickelung sei, von
denen eben jedes durch seinen besonderen Zielpunkt von dem
andern sich unterscheide. Das wäre dann eine zufällige Abtheilung, da ein allgemeingültiges Gesetz für sie schwer denkbar
sein würde. Und etwas unbequem wäre die nothgedrungene
Folge, dafs dann bei dem Übergangsaugenblick ein etwas jäher
Wechsel der Ideale stattzufinden habe. — Es scheint also, dafs
bei den nicht seltenen Redensarten, wie „jede Zeit hat ihr besonderes Ideal", einige Unklarheit über die Persönlichkeit des
Idealinhabers obwalte.

Noch bleibt übrig, dafs nicht das Ideal mit dem „Zeitalter"
wechsele, sondern umgekehrt. Das könnte ein Doppeltes bedeuten:
entweder eine Verschiedenheit in der Erkenntnifs des Ideales
oder ein wirklicher Wechsel desselben als Erscheinung in
der Zeit. Jenes wäre nur eine subjektive Meinungsverschieden-
heit, welche die Realität eines objektiv geltenden Ideales nicht
berühren würde; im Gegentheil nur dazu auffordern müfste, sich
weiterhin um sicherere Erkenntnifs und richtigere Formulirung
des a priori gültigen Richtmafses für alles Recht zu bemühen.
Für die nur geschichtliche Auffassung und ausschliefslich
empirische Forschung kann also nur das Zweite in Betracht
kommen; und dies ist wohl — denn auch hier fehlt zweifelsfreie
ausdrückliche Klarlegung — die Vielen, wenn nicht den Meisten,
heute vorschwebende Meinung.

Hiernach würde der Gesetzgeber als „frei" anzunehmen sein;
er hat zuzusehen, ob die bestehende Rechtsordnung dem dermaligen relativen Rechtsideal entspricht; wenn dies nicht der
Fall, so ist es seine Pflicht, das jeweilige Rechtsideal zu verwirklichen. Ob das, was Recht ist, auch Rechtens sein sollte,

— würde dann gemessen an dem, was „wir" für vernunftgemäfs
hielten, obgleich wir dem gar keine objektive Realität zuschrieben,
sondern wüfsten, dafs es nur ein aufserdem unmafsgebliches subjektives Meinen unsererseits wäre.

Nun möchte es sicherlich wieder recht schwer fallen, dasjenige, was sich hinter dem „wir" verbirgt, in klarem Begriffe
vorstellig zu machen; man wäre aber zu dem Verlangen, dafs
dieses geschähe, wohl berechtigt, da es sich ja, nach jener Meinung, gerade um Urtheile von blofs subjektivem Werthe handelt
und die objektive Realität, das nothwendige und allgemeingültige
Sein einer für das Urtheil über das Recht mafsgeblichen Idee,
nach dem erwähnten Plane, gar nicht in einem Bewufstsein
überhaupt durch wissenschaftliche Erkenntnifs festzustellen wäre.
Es wird aber um Nichts klarer, wenn man nun für dieses
Kuriosum „unserer Vernunft" Ausdrücke eingesetzt hat, wie
„nationales Rechtsbewufstsein" oder „rechtliche Volksüberzeugung"
oder andere solche Schlagwörter der geschichtlichen Schule;
denn auch hierbei ist doch nur etwas Subjektives, nur in in
einer besonderen Erfahrung Festzustellendes gemeint: „relatives
Rechtsideal" wären dann die Forderungen und Wünsche derjenigen Subjekte, die man unter jenen Gemeinplätzen zusammen-
gefafst hätte, und da fragt es sich immer wieder, wie man
dessen habhaft werden könne? In Einstimmigkeit; oder Mehrheit;
oder qualitativ abgestufter Abstimmung; und welcher Menschen
eigentlich?

Aber nehmen wir nun an, dafs sich ein konkretes psychisches
Gesammtphänomen — etwa in dem „Geiste" des „Volkes" nach
dem ganz besonderen Sinne Puchta's — klarlegen und dessen
Forderungen feststellen liefsen; oder dafs man sonst irgendwie
darthun könnte, welches der relativ gültige Mafsstab sei, der
dem Recht Schaffenden zur Norm dienen solle; so würde in dem
Satze: dafs der Gesetzgeber, weil er frei sei, immer mit den
Anforderungen der „jeweiligen Rechtsüberzeugung gerade dieses
Zeitalters" das Recht im Einklange zu halten verbunden sei und
das „Rechtsideal gerade seiner Zeit" zu verwirklichen habe — ein
unlöslicher innerer Widerspruch gelegen sein. Wie sehr man in
der That gemeiniglich in einem solchen darinnen steckt, wird sich
in zwei Sätzen zeigen lassen.

Wenn die „Rechtsideale" wirklich beständig wechselten, so
ständen sie unter der Bedingung der Zeit und wären mithin Objekte unserer Erfahrungserkenntnifs; sie wären Erscheinungen,
von empirischer Realität, welche den Erfahrungsgesetzen unter-
lägen. Die Recht setzenden Faktoren aber, wer sie immer sein
mögen, sind gleichfalls in unserer Erfahrung bestimmbare Erscheinungen; denn nicht um einen übernatürlichen Gesetzgeber
dreht sich die Frage, sondern um Menschen und deren in der
Sinnenwelt erscheinende Handlungen. Nun soll jenes erste Er-
fahrungsobjekt, das sogenannte relative Rechtsideal, auf das zweite,
den Gesetzgeber (gleichviel wer es sei), bestimmend einwirken.
Wenn aber zwei Gegenstände der Erfahrung in ein solches
Verhältnifs gesetzt werden, so kann es nur nach dem Kausali-
tätsgesetz geschehen. Mithin ist die Vorstellung von
einem „freien" Gesetzgeber unter einem „relativen"
Rechtsideale eine Selbsttäuschung.

Wenn Freiheit ist, so kann sie nur sein: Bestimmung
durch die (mit Kant zu reden) objektiven Gründe der Ideen;
eine Idee aber ist ein nothwendiger Begriff, dessen Gegenstand
gleichwohl in keiner Erfahrung gegeben werden kann. Sobald
der bestimmende Gegenstand in der Erfahrung auftritt, gibt es
für seine Einwirkung nur noch das Naturgesetz der Kausalität.
Zu sagen: der Gesetzgeber ist frei und er soll sich nach den
Wünschen des Nationalbewufstseins richten, oder gar, er soll
letztlich die Forderungen der Volksüberzeugung verwirklichen,
— ist in sich widersinnig: die Vorstellung von relativen, in der
Zeit beständig wechselnden Rechtsidealen bedeutet die Behauptung
der naturnothwendigen Kausalität für die Rechtsbildung.

Eine empirisch vorliegende Erscheinung wirkt nach dem
Naturgesetze der Kausalität oder gar nicht. Wie wollte man aus
ihr und nur durch sie ein „soll" rechtfertigen?

Ob man aber nicht vielleicht jene genannten oder verwandte
Forderungen gegen den Gesetzgeber aus dem Gesichtspunkte
erheben könnte, weil sich in ihnen dasjenige darstelle, was unter
der Voraussetzung des allgemeingültigen Richtmafses, in Auf-
weisung des festen konstanten Zielpunktes, unter gegebenen
empirischen Verhältnissen relativ erstrebt werden sollte, mufs
hier ganz unerörtert bleiben. Denn die geschichtliche Rechts-

theorie erkennt überall kein a priori feststehendes Prinzip und
Ziel alles Rechtes an; sie weifs nur von relativen Rechtsidealen
zu berichten. Damit aber verwickelt sie sich in unlösliche Wider-
sprüche.

Der Historismus mit seinem relativen Rechtsideal hat
also nur die Wahl: entweder zwischen nur naturgesetzlicher
Rechtsbildung, — dann fällt aller Zweifel, ob Etwas Recht sein
sollte, alle Scheidung von guten und schlechten Gesetzen,
von selbst weg; und es begönnen nun vor Allem die Schwierigkeiten, wie man dem Menschen im Sittlichen Freiheit zuschreiben
mag und vielleicht demselben, wenn er Rechtsgesetze gibt, also
durch sein Wollen Andere verbindet, dieselbe absprechen kann;
oder den Gesetzgeber doch wieder zu einem Wesen höherer Art
zu proklamiren, für welches der letzte Bestimmungsgrund seines
Handelns zwar eine in der Erfahrung gegebene Erscheinung (das
nach der Volksüberzeugung u. dgl. erkennbare „relative" Rechtsideal) wäre, welches aber die (übernatürliche) Kraft besäfse, seine
Handlung der naturnothwendigen Einwirkung ihrer letzten Ursache zu entreifsen: auf dafs man ihn wegen dieser Abweichung
von dem Kausalitätsgesetze nun — schelten dürfe.

Denn das andere, dafs der Recht Setzende durch empirische
Bestimmungsgründe zwar beeinflufst, aber nicht genöthigt wird,
weil er durch Ideen bestimmt werden kann, — ist der geschichtlichen Rechtstheorie, die es nur mit Empirischem zu
thun haben will, durch eigene Wahl verschlossen. In der That
beginnen hier erst die Schwierigkeiten, wo die vulgäre Meinung
des Historismus die Sache für abgeschlossen wähnte. Doch brechen
wir für jetzt hier ab; nur das hatten wir an dieser Stelle uns
vorgesetzt: den Paralogismus der besprochenen, in den heutigen
juristischen Kreisen, wie man wohl sagen darf, recht häufigen
Meinung deutlich darzulegen.

Und dies ist hiernach das Ergebnifs: Ob etwas Recht sein
soll, das läfst sich niemals an der Hand eines Mafsstabes ausmachen, der nur durch empirische Forschung gefunden wäre;
weder durch eine solche bezüglich vorhandenen Rechtes, noch
auch anderer geschichtlicher Thatsachen. Zielpunkt und Richtmafs für das Sollen, auch bezüglich der Kritik bestehenden
Rechtes, müssen in einer anderen Art und Weise der wissen-

schaftlichen Untersuchung festgestellt werden, wie auf dem Wege historischer Erkenntnifs und nur empirischer Forschung. Indem die dermalen herrschende geschichtliche Rechtstheorie vermeint, jedes andere Vorgehen grundsätzlich ablehnen zu müssen; indem sie überall kein festes Ziel für alles Recht wissen will, sondern nur Relatives anzuerkennen bereit ist: hat sie sich methodisch unfähig gemacht, dem hier in das Auge gefafsten Problem überhaupt Genüge zu thun.

IV.

„Es ist unbegreiflich, wie einem Gesetzgeber oder
auch einem Manne, der Gesetzgebung nach Principien
studirt, der Gedanke von der Wichtigkeit eines ur-
sprünglichen vor jeder Gesetzgebung existirenden
Rechtes gleichgültig und die Beantwortung der Frage:
wie steht es denn eigentlich um dies ursprüngliche Recht? überflüssig scheinen kann."
Hufeland, Versuch über den Grundsatz des Natur-
rechts S. 9 fg.

Eine weit verbreitete Annahme geht dahin: dafs durch die
geschichtliche Rechtstheorie das Naturrecht wissenschaftlich überwunden worden sei. Innerhalb unserer gelehrten Jurisprudenz
gibt es sogar wenige Behauptungen, die so gleichförmig zum
Ausdrucke kämen, wie die genannte: in den Einleitungspara-
graphen der Kompendien, vorab der civilrechtlichen, in den
Rechtsencyclopädien, im Besonderen aber in den akademischen
Reden und Gelegenheitsschriften, und zerstreut auch ansonsten
hie und da — überall kehrt die Meinung wieder, dafs die geschichtliche Rechtswissenschaft die naturrechtliche Frage als irrig
erwiesen, dafs die historische Anschauung die Realität des Naturrechtes siegreich bekämpft und seine Existenzberechtigung wider-
legend verneint habe. Wenn nun aber aus der seitherigen Untersuchung sich ergibt, dafs die geschichtliche Rechtstheorie mit der
ihr eigenthümlichen Methode den Zweifel: ob bestehendes Recht
auch Recht sein sollte, überall nicht zum Schweigen bringen
kann und eine zufrieden stellende Antwort auf diese Frage gar
nicht zu geben vermag, so regt sich leicht der Verdacht, ob jene
ersterwähnte Meinung auch richtig sei. Wir wollen dem hier
nachgehen.

Unter dem Namen des „Naturrechtes" fassen sich aufserordentlich zahlreiche und von einander abweichende Theoreme

zusammen; gemeinsam ist ihnen Allen nur das Eine, dafs sie
nach einem allgemeingültigen und nothwendigen Prinzip
für alles Recht durch das Mittel der Vernunfterkenntnifs
suchen. Dies ist zugleich dasjenige, was sie von allen auf
dem Boden der geschichtlichen Rechtstheorie stehenden Erörterungen trennt. Da nun für alle jene Bestrebungen die weit-
aus gebräuchlichste zusammenfassende Bezeichnung gerade die
des Naturrechtes ist, so ist er auch hier zum Zwecke der Bezeichnung jener Art der Problemstellung beibehalten worden.
Über die Güte dieses Sprachgebrauches läfst sich, wenn man
will, erheblich streiten; neuestens ist vorgeschlagen worden,
„Naturrecht" nur für diejenigen Erwägungen gedachter Art zu
gebrauchen, die ein ausgeführtes Rechtssystem entwerfen, dagegen
„Vernunftrecht" für solche, welche nur eine Idee der Form nach
behaupten; aber eine solche Scheidung ist der Sprechweise frühe-
rer Zeit ganz fremd, welche beides promiscue anwandte. Viel
kommt nicht darauf an; doch mag es nicht unnöthig sein, durch
die besondere Erwähnung der Absicht, in welcher wir den alt
hergebrachten Sprachgebrauch festhalten, möglichem Mifsverstand
vorzubeugen. Wenn ich also im Folgenden gegenüber der geschichtlichen Rechtstheorie die Ausdrücke naturrechtliche
Fragestellung und Naturrecht verwende, so bitte ich festzuhalten, dafs damit einstweilen nur gesagt sein soll: eine wissenschaftliche Untersuchung darüber, was als a priori feststehender
Zielpunkt und Mafsstab für alles Recht sich angeben und formuliren lasse. Die geschichtliche Rechtsschule leugnet jede Möglichkeit hiervon und glaubt, die darauf gerichteten Bestrebungen als
irrig erwiesen zu haben; indem wir über die Sache selbst hier
gar Nichts ausmachen wollen, ist es unsere Absicht, diese letzt-
genannte Meinung vieler geschichtlicher Juristen auf ihre Richtigkeit hin zu prüfen.

Wir zerfällen es in zweierlei: in die literargeschichtliche
Erwägung, was denn an widerlegenden Ausführungen und Be-
weisgründen gegen das Naturrecht seitens der historischen Rechtsschule eigentlich vorliege; und in eine Untersuchung darüber, ob
durch die rechtsphilosophischen Grundsätze dieser letzteren Richtung die naturrechtliche Fragestellung unmittelbar und ohne weitere ausdrückliche Erörterung feindlich berührt werde.

Es ist eine feststehende Thatsache, dafs die Koryphäen der
historischen Rechtsschule eine wissenschaftliche Widerlegung der
naturrechtlichen Frage gar nicht geliefert haben. Hugo hat selbst
noch über „Naturrecht" gelesen und ein Lehrbuch desselben verfafst. Er stellt neben die Frage: Was ist Rechtens? als die „Brot
schaffende oder wie man mit Recht sagt, handwerksmäfsige Rechts-
kenntnifs" die „wissenschaftliche", die nach den Gründen, den
Vernunft- und den geschichtlichen Gründen fragt, und fafst jenes
dahin: „Ist es vernünftig, dafs es Rechtens sey?"[17] Und er rühmt
Plato, „da er die zwei Hauptrücksichten unserer Wissenschaft,
was sollte sein nach der Idee, nach der höchsten Forderung der
Vernunft, und wie ist dieser unter entgegenstrebenden Umständen
nahe zu kommen, so vortrefflich von einander trennt."[18] — Savigny erklärt sich zwar gegen „die Aufstellung eines über allen
positiven Rechten schwebenden Normalrechtes, welches eigentlich
alle Völker wohl thun würden, sogleich anstatt ihres positiven
Rechtes anzunehmen;" und verwirft somit eine bestimmte Aus-
gestaltung der naturrechtlichen Frage durch einzelne Philosophen
und politische Schriftsteller. Aber er widerlegt auch diese nicht,
sondern fügt blofs hinzu: „diese letzte Einseitigkeit entzieht dem
Rechte alles Leben überhaupt;" und er steht dem Gedanken, dafs
es etwas Allgemeingültiges für alles Recht gebe, so wenig fern,
dafs er gerade eine allgemeine Aufgabe und ein allgemeines
Ziel des Rechtes postulirt. Jene allgemeine Aufgabe, welche sich
auf die sittliche Bestimmung der menschlichen Natur, so wie sich
dieselbe in der christlichen Lebensansicht darstelle, zurückführen
lasse, hätten die einzelnen Völker auf ihre besondere Weise zu
lösen. Sonach wirke in jedem Rechte das besondere, nationale,
aber auch das allgemeine Element, „am reinsten und unmittel-
barsten, insofern darin die sittliche Natur des Rechts im Allgemeinen wirksam ist: also die Anerkennung der überall gleichen sittlichen Würde und Freiheit des Menschen, die Umgebung
dieser Freiheit durch Rechtsinstitute, mit Allem, was aus der

---

17) Hugo, Lehrbuch der juristischen Encyclopädie 7. Aufl. (1823)
S. 34 fg.

18) Hugo, Lehrbuch des Naturrechtes 3. Aufl. (1809) § 12, 4. Aufl.
(1819) § 11.

Natur und Bestimmung dieser Institute durch praktische Konsequenz hervorgeht, und was die Neueren Natur der Sache nennen."[19] — Puchta widmet dem Natur- oder Vernunftrechte nur zwei Zeilen in seiner Encyclopädie, ohne meines Wissens sonst irgendwo eine Widerlegung zu unternehmen. Es ist, meint er an jener Stelle[20], der Versuch, ein Recht aus den Postulaten der allgemeinen Vernunft zu deduziren; die „Vernunft" sei aber nicht das höchste Gut, das höhere sei vielmehr der „Geist", das Vermögen der Freiheit; hierin habe das Recht seinen Ursprung, deshalb könne 'eine auf „Vernunft" sich gründende Rechtsphilosophie gar nicht das Recht zum Gegenstande haben.

Nicht anders verhält es sich mit den diesen Gelehrten nächststehenden Anhängern der geschichtlichen Rechtsschule. Die Frage nach der Berechtigung der naturrechtlichen Untersuchung wird von ihnen gewöhnlich offen gelassen, öfter die Möglichkeit des Naturrechtes als eines inhaltlich ausgeführten Idealrechtes einfach, ohne Zusatz, in Abrede gestellt; während andererseits beispielsweise der für geschichtliche Anschauung gewiß unverdächtige Mühlenbruch schwankend meint, dafs der Richter aufser der Äquitas „soviel wie möglich die natürliche Ordnung und Beschaffenheit der Verhältnisse und aller Dinge auch im Recht zu berücksichtigen" habe.[21]

Zuweilen finden sich kurze Thesen, die ihre Spitze gegen die von einzelnen Rechtsphilosophen aufgestellte Lehre richten: dafs bestimmte Sätze des Naturrechtes von der positiven Rechtsordnung gar nicht abgeändert werden könnten. — Nun mag das Recht jener Behauptung hier auf sich beruhen bleiben. Dafs dieselbe schon an und für sich undenkbar und innerlich widersinnig wäre, das zu behaupten, würde freilich nicht richtig sein; denn es wäre ja möglich, dafs nach dem Satze des Widerspruches gewisse Grundsätze der Rechtsordnung noth-

---

19) Savigny, System Bd. I (1840) S. 52 ff.; vgl. auch S. 290.

20) A. a. O. (N. 12) §§ 1 und 32.

21) Mühlenbruch, Lehrbuch des Pandekten-Rechts 3. Aufl. (1839) § 44 — Beispiel: „jede Beschränkung der natürlichen Freiheit, wofür kein Grund der Nothwendigkeit nachgewiesen werden kann, ist als ius singulare anzusehen, falls nicht das beschränkende Gesetz selbst das Gegentheil anordnet."

wendiger Weise so feststünden, dafs ein Recht Setzender, der sie
nicht beachten zu wollen vorgäbe, in Gegensatz zu sich selbst
käme.   Allein wie viel nur analytische oder auch synthetische
Erkenntnifs a priori in den Systemen des Naturrechtes stecken
möchte: dem ist man ·seitens der Gegner gar nicht nachgegangen;
und hier genügt hinsichtlich derer, welche sich gegen die genannte Behauptung mancher Naturrechtslehrer wandten, die Erinnerung, dafs diese letztere den Grundgedanken der naturrechtlichen Frage unberührt läfst.   Man kann diese Behauptung, wenn
man will, einfach streichen, und die Bedeutung des Naturrechtes
als ideale Richtschnur und festes Ziel für den Gesetzgeber, als
prinzipielle Norm für das, was er unter gegebenen Verhältnissen
thun sollte, vermag ganz und voll bestehen zu bleiben.   Die
historische Rechtsschule aber hatte sogar Grund, in dem Vorgehen
gegen jene Aufstellung vorsichtig zu sein; hatte doch Puchta,
der Anführer auf dem Gebiete des Gewohnheitsrechtes, ausdrücklich gelehrt, dafs ein Staatsgesetz, das die Bildung von Gewohnheitsrecht verbiete oder beschränke, gar nicht Recht sei, dafs
das positive Recht diese Einschränkung gar nicht bestimmen
könne.[22]
     So wird man allenthalben in jener geschichtlichen Rechts-
literatur nach widerlegenden Ausführungen oder gar nach wissenschaftlicher Überwindung der naturrechtlichen Fragestellung ganz
vergebens suchen.   Nur das geschieht, dafs das thatsächliche
Interesse an der letzteren einigermafsen abnimmt.   Ja es bleibt
allmählich nur eine Frage, bei der in der spezifisch juristischen
Literatur auf das Naturrecht herkömmlich zurückgegangen wurde:
die Kontroverse nämlich, ob dasselbe in eine „Lücke im Rechte"
einzutreten habe oder nicht.
     Aber was war auch mit der entschiedensten Verneinung dieser
Frage für diejenige nach der objektiven Realität des Naturrechtes
gewonnen?   Dafs das „natürliche" Recht nicht in gleicher Weise
gelte, wie das „positive", war leicht zuzugeben.   Wenn man
nun die Aufgabe des Richters dahin fafste, dafs er nur das

---

22) Am schärfsten drückt es Puchta in den Vorlesungen über das
heutige römische Recht 5. Aufl. (1862) § 13 u. Beil. I aus. Vgl. denselben,
Gewohnheitsrecht Bd. I. (1828) S. 180 ff., Bd. II (1837) S. 199 ff.

geltende Recht anzuwenden habe, so ergab sich freilich daraus
(„wie das Griechische", sagte man in der alten Zeit), dafs er gemeinrechtlich in seiner rechtsprechenden Thätigkeit auf Naturrecht nicht zurückzugehen habe. Aber wie, wenn eine Gesetzgebung das Gericht darauf verwies? Was sagen denn die nur
geschichtlichen Juristen Österreichs zu dem § 7 ihres bürgerlichen
Gesetzbuches? Dort mufs sich doch der Nachweis finden, dafs
ein Naturrecht überall nicht möglich sei? Und wir lesen, wenn
wir etwa bei Unger nachschlagen: „wie wenig diese ganze Auffassungsweise des Naturrechtes unserer heutigen Anschauung über
Recht und Staat entspreche, ist bekannt;" man müsse allerdings,
heifst es dort weiter, vom Standpunkte der „historischen Interpretation" die Versuche zurückweisen, wodurch dem Naturrechte
die ihm eingeräumte Subsidiarität wieder entzogen werden solle,
aber man könne das „um so ruhiger" thun, als sich in der That
niemals ein Fall ereignen könne, in welchem zu jener subsidiären
Quelle rekurrirt werden müfste, einfach defshalb, weil eben das
österreichische „positive" Gesetz immer zu einer Auskunft genügende Unterlage biete.[23] Weit entfernt also, die Existenzberechtigung von Naturrecht überhaupt zu widerlegen oder nur
scharf zu leugnen, läuft es auf die Thatfrage hinaus, ob und
wann die Voraussetzung seiner praktischen Anwendbarkeit
gegeben sei.

Ich kann diese Angelegenheit auch nicht damit für abgethan
erachten, dafs gesagt wird, es stelle sich in den naturrechtlichen
Bestrebungen nur dasjenige dar, was der jeweilig darüber Nachdenkende subjektiv für wahr halte. Denn hier würde alsbald
so viel feststehen, dafs ganz mit gleichem Fug auch alle objektive
Realität der Ethik in Abrede gestellt werden könnte; was doch
zu weiterem Nachdenken auffordern möchte. Vielleicht würde ja
eine gute Untersuchung der Frage, in Auseinandersetzung mit
der kritisch begründeten Ideenlehre, das behauptete Ergebnifs
liefern; aber eine solche Erwägung und Ausführung liegt seitens
eines Anhängers der geschichtlichen Rechtstheorie meines Wissens
nicht vor. Dafs aber in der Disziplin des Naturrechtes viele

---

23) Unger, System des österreichischen allgemeinen Privatrechtes Bd. I
(1856) § 11 S. 70 fg.

Meinungsverschiedenheiten obwalteten und häufiger Streit in ihr
zu beobachten war, muſs doch an und für sich ganz gleichgültig
sein; dies Schicksal könnte sie mit jeder Wissenschaft theilen,
vor Allem würde sie es — leider — mit·der Kunde von dem
„positiven" Rechte gemeinsam haben, mit der Wissenschaft, an
der mit Fug man beklagen möchte, daſs unter den ihr zufallen-
den Grundbegriffen kaum Einer ist, dessen wissenschaftliche Feststellung in Einigkeit geglückt wäre. Die Lehrer des Naturrechtes
aber waren, von den Zeiten seines Neuaufschwunges an, von dem
festen Willen und Entschluſs beseelt, Acht zu haben „ut eorum
quae ad ius naturae pertinent probationes referrent ad notiones
quasdam tam certas, ut eas nemo negare possit, nisi sibi vim
inferat."[24] Und es wäre nicht richtig, zu behaupten, daſs dieses
ohne Erfolg geblieben sei.

Doch immer enger wurde im Laufe der Zeiten der Kreis
solcher Juristen, welche etwas Positives über naturrechtliche Bestrebungen überhaupt aussagten; stets zunehmend häuften sich
absprechende Urtheile, in knapper Form alle Möglichkeit jener
Untersuchungen als wissenschaftliche lediglich leugnend. Die
älteren Meister der geschichtlichen Rechtsschule, auſser Stande
mit der empirischen Methode diese Fragen aufzulösen, hatten
entweder das Naturrecht ergänzend zugefügt, oder die naturrechtliche Frage als Problem offen gelassen, Einiges über ihre eigene
Meinung andeutend; — die zunächst ihnen Folgenden hatten thatsächlich allgemach sich etwas davon abgewandt und subjektiver
Weise das Problem bei Seite stehen lassen; — die Meisten aber
aus den neueren Jahren, sich gegenseitig stets berichtend, daſs
vordem alle naturrechtliche Frage als unberechtigt beseitigt worden
sei, mochten nun eine widerlegende Ausführung gar nicht beginnen.

Mit Böcking treten die nur geschichtlichen Juristen der
schärferen Tonart dem Naturrechte gegenüber auf. Er heiſst es
„etwas hohles, erträumtes, und seinem Inhalte nach eine nach
den An- und Einsichten des Verfassers hervorgebrachte Mischung
von Abstraktionen oder Vorschriften aus positiven Rechten und
subjektiven Vorstellungen."[25] Dieser Modus hat Nachfolge ge-

24) Grotius, de iure belli ac pacis (1625) prol. 39.
25) Böcking, Pandekten Bd. I 2. Aufl. (1853) § 3 N. 3.

funden. „Ein leichtgefertigtes Produkt aus individuellem Billigkeitsgefühl und weniger Umsicht", sagt ein Neuerer;[26] und
Manches liefse sich so sammeln. Sogar einen „Lindwurm" hat
sich das Naturrecht nennen lassen müssen; derselbe verwüstete,
nach der Erzählung eines Rechtshistorikers,[27] das Land, bis ein
Heldenschwert auf ihn zerschmetternd niedersauste, nämlich „das
Recht des Besitzes, eine civilistische Monographie von Savigny",
— wobei man nur etwas verwundert sein kann, wenn man einen
anderen geschichtlichen Juristen versichern hört, dafs jenes Buch
einen „wesentlich naturrechtlichen Aufbau" habe.[28]

Somit lehrt die literargeschichtliche Verfolgung der historischen Rechtstheorie, von den ersten Zeiten, da man auf die
empirische Forschung sich beschränkte, bis zu ihrem letzten,
nicht juristischen, Lobredner, welcher das „fabelhafte" Naturrecht
dem „Gespenst der sogenannten natürlichen Religion" in seinem
Geltungswerthe gleichartig erklärte[29] — auch wieder, ohne das
Geringste begründend beizufügen —, es lehrt, sage ich, diese Betrachtung, dafs man von der regelmäfsigen Art des Verhaltens
jener Rechtstheorie zu der naturrechtlichen Fragestellung nur
sagen darf: nicht Schwertschläge sind es, welche die historische
Schule dem Naturrechte ertheilt hat, sondern Nadelstiche und
Scheltworte.

Es erübrigt daher noch, zuzusehen, ob jene gemeinigliche
Behauptung, von der die Rede ist, sich dahin als sachlich berechtigt herausstellen könnte, dass mit den Grundlagen der geschichtlichen Rechtswissenschaft das Naturrecht ganz von selbst unvereinbar sei. Einige Wenige aus der neueren Zeit haben dies
in der That zu zeigen versucht, besonders Dahn;[30] aber man
kann sie geradezu als Ausnahmen bezeichnen. — Unsere Prüfung

26) Bekker, über den Streit der historischen und der filosofischen
Rechtsschule, akademische Rede, (1886) S. 21 N. 52.
27) Esmarch, Friedrich Carl von Savigny, Festgedicht. (1879) S. 6.
28) Bekker, a. a. O. (N. 26) S. 20.
29) Ritschl, Festrede zum hundertfünfzigjährigen Jubiläum der Universität Göttingen (1887), besonders S. 15 und 20.
30) Die hier einschlägigen Aufsätze sind als „Bausteine, vierte Reihe:
erste Schicht" (1883) gesammelt herausgegeben. Ihm folgt besonders Garcis,
Encyclopädie und Methodologie der Rechtswissenschaft (1887) S. 10 fg.

wird ergeben: dafs jene Annahme eine Selbsttäuschung bedeuten
würde, weil die Ergebnisse, welche die geschichtliche Rechts-
theorie mit ihrer Methode überhaupt erlangen kann, an das
Naturrecht gar nicht heranreichen. Die Art der Fragestellung
der historischen Rechtsschule ist für diese Probleme ungenügend.
Sie vermag das Naturrecht überall nicht wissenschaftlich zu über-
winden, so wenig wie sie, nach dem Obigen, irgend etwas über
Richtschnur und Ziel der Rechtsordnung ausmachen und den
Zweifel, ob Etwas Recht sein sollte, an der Hand eines objektiven
Mafsstabes lösen kann.

Nur wenige Fahrzeuge waren es, die sie ausgerüstet nach
dem Lande des Goldes, dessen man als Träger und Messer der
Werthe im eigenen Reiche benöthigt war, und ihre Galeeren waren
unzulänglich in Bau und Rüstung; so kehrten die Schiffer unver-
richteter Sache stets wieder zurück, und sie erzählten, sie hätten
die Seeschlange gesehen.

Wie hätte denn die geschichtliche Rechtstheorie dazu
kommen können, die naturrechtliche Fragestellung als irrig zu
erweisen? Ihre eigene Frage und Methode ist empirisches
Vorgehen, verallgemeinernde Beobachtung von Thatsachen; sie
will die ihr eigenen rechtsphilosophischen Grundsätze nur durch
empirische Erforschung der geschichtlichen Rechte suchen
und begründen. Aus dieser Methode lassen sich mithin gegenüber den naturrechtlichen Bestrebungen weiter keine Bemerkungen
herleiten, als diese zwei scheinbaren Einwände:

1) es ist niemals ein Naturrecht in Vergangenheit oder Gegenwart als daseiend nachgewiesen;

2) und es ist auch für die Zukunft ganz unmöglich, dafs
jemals ein solches in irgend einer Erfahrung auftreten könnte.

Das Erste würde das Naturrecht gar nicht treffen. Denn
dieses wollte ja gerade aus Prinzipien a priori eingesehen sein;
der Nachweis, dafs ein vernunftgemäfses Recht empirisch nicht
vorhanden, ist ganz gleichgültig für die Frage, ob sich nicht in
objektivgültiger Vernunfterkenntnifs feste Grundsätze als Ziel
für den Gesetzgeber nachweisen liefsen, welche für die Frage, ob
das bestehende Recht auch Rechtens sein sollte, einen nothwendigen Mafsstab abgäben.

Der zweite Einwand aber kann gerade durch die geschichtliche Methode nicht bewiesen werden; wie wollte man aus der
empirischen Erforschung geschichtlicher Rechte überhaupt etwas
darüber ausmachen, was künftighin einmal Recht sein oder nicht
sein könnte?
Man beruft sich' auf die verschiedenen Kulturzustände
und auf die mannigfachen Lebensinteressen. Aber die naturrechtliche Frage verlangt nicht nothwendiger Weise, dafs gewisse
Rechtssätze oder ein bestimmtes Rechtssystem jetzt und überall
eingeführt werden sollten; sondern nur, dafs ein festes Ziel
für die Rechtssetzung in das Auge gefafst werde. Soweit sich
dieses formuliren und beweisen läfst, mufs es freilich von objektiver Gültigkeit sein; und dafs sehr viele Menschen es nicht
eingesehen haben und nicht wissen, ist für die Wahrheit desselben ebenso gleichgültig, wie für das System des Kopernikus
die Frage nach seinem thatsächlichen Bekanntsein. Es müfste
also allerdings allgemeingültig und nothwendig sein, und als
Mafsstab für alle besonderen Rechtsordnungen dienen; wie aber
die geschichtlich gegebenen empirischen Verhältnisse danach
zu gestalten seien, das ist eine ganz offene Frage. Die Rechte
mögen mehr oder weniger verschieden sein, bedingt durch die
abweichenden kulturellen Zustände, das eine kann hinter dem
anderen zurückgeblieben sein, und grofse Entfernungen mögen
sich zwischen die einzelnen gelegt haben: aber defshalb kann
doch das Ziel für sie Alle ein und dasselbe sein. Blofs mit
dem Hinweise auf die thatsächliche Verschiedenheit der Kulturzustände ist also die Möglichkeit eines durch Vernunfterkenntnifs
festzustellenden allgemeingültigen Zielpunktes für alles Recht
nichts weniger als widerlegt. „Denn nichts kann Schädlicheres
und eines Philosophen Unwürdigeres gefunden werden, als die
pöbelhafte Berufung auf vorgeblich widerstreitende Erfahrung, die
doch gar nicht existiren würde, wenn jene Anstalten zu rechter
Zeit nach den Ideen getroffen würden.“ [31]
Man sage auch nicht, dafs der Gesetzgeber doch immer an
bestimmte Naturzustände gebunden sei und solche nicht ändern
könne; denn ein solcher Einwand würde ja immer wieder den

---

31) Kant, a. a. O. (N. 15) S. 276.

naiven Begriff von Freiheit als gleichbedeutend mit absoluter
Willkür und Ungebundenheit gegenüber dem Naturgesetze invol-
viren. Freiheit des Recht Setzenden bedeutet (wie oben angegeben wurde) nur Möglichkeit, sich durch eine Idee bestimmen
zu lassen. Alsdann aber kann man, soweit die Idee reicht,
auch gar nicht wissen, wie weit er derselben thatsächlich nahe
kommen kann; andernfalls hätte man ja sofort wieder eine natur-
nothwendige Kausalität für die Rechtsbildung und gar keine Freiheit mehr, bei welcher letzteren dagegen, als dem Vermögen, unabhängig von sinnlichen Antrieben durch die Idee sich bestimmen
zu lassen, es ganz unmöglich ist, im Voraus anzugeben, „welches
der höchste Grad sein mag, bei welchem die Menschheit stehen
bleiben müsse, und wie grofs also die Kluft, die zwischen der
Idee und ihrer Ausführung nothwendig übrig bleibt, sein möge.“
     Aber es ist das zweite vorhin formulirte Bedenken der ge-
schichtlichen Rechtstheorie nicht nur für sich unbeweisbar, sondern
auch als solches gänzlich gleichgültig in Ansehung des Rechtes
und Werthes naturrechtlicher Bestrebungen.
     Eine Idee: dafs die natürlichen anthropologischen Verschieden-
heiten des Menschengeschlechtes aufzuheben seien, gibt es überall
nicht. Einwendungen hiergegen würden also in der That gar
nicht den Grundgedanken treffen, sondern vielleicht diese oder
jene Aufstellung eines bestimmten Naturrechtslehrers befehden;
sie könnten nicht die Fragestellung nach einem festen Ziele als
in sich irrig erweisen, sondern Einzelheiten nur widerlegen, welche
zu verbessern man dann bestrebt sein müfste, wennschon das auf
empirischem Wege nicht möglich wäre. Die Frage aber nach
einem festen Richtmafse für das Recht, nach einem sicheren Prinzipe, das in objektiver Erkenntnifs eingesehen werden könnte, wird
man mit dem lediglichen Hinweise auf anthropologische Unterschiede nicht los.
     Denn der Nachweis gegenständlicher Wahrheit des Natur-
rechtes fordert nicht, dafs dasselbe als mögliche Erscheinung in
einer thatsächlichen Erfahrung dargethan werde; sondern betrifft
die Frage, ob es einen allgemeingültigen Bestimmungsgrund für
die Recht Setzenden gebe, welcher als Idee, obzwar kein ihr in
der Erfahrung entsprechender Gegenstand aufgewiesen werden
könne, als Richtschnur und Ziel erweisbare Geltung hätte. Wo-

durch hingegen thatsächlich der Gesetzgeber beeinflufst werde, was als empirisches Motiv ihn von dem Wege nach jenem Ziele abbringen könne, ist für den Nachweis des Bestehens jenes Zieles ganz gleichgültig. Es sind gar nicht unverträgliche und sich gänzlich ausschliefsende Vorstellungen: dafs die Rechtsordnungen thatsächlich durch konkrete empirische Momente bestimmt und die Recht setzenden Faktoren durch geschichtliche, zufällige Antriebe beeinflufst werden — und dafs die Idee eines Zustandes besteht, nach welchem das thatsächlich Gewirkte bestimmt werden sollte. Gleichwie die Idee der Tugend in ihrer Realität ganz unabhängig von der Frage ist, ob es jemals einen vollkommnen tugendhaften Menschen geben möge; und sie auch bei Verneinung der letzten Frage (was nun freilich wieder nicht bewiesen werden könnte) doch nicht ein Hirngespinnst sein würde. Die geschichtliche Rechtsschule hat es mit Vorliebe unternommen, die Erforschung und einheitliche Zusammenfassung thatsächlich wirkender Faktoren auszuführen; mit welchem Erfolge, steht hier dahin. Nur dafs dadurch das Zweite, von dem wir eben sprachen, die naturrechtlichen Bestrebungen wissenschaftlich beseitigt, als irrig aufgewiesen seien, das mufs vollständig in Abrede gestellt werden.

Und dem Urtheile kann keine Sonderausführung, welche auf die Methode der geschichtlichen Rechtstheorie beschränkt bleibt, mit Grund entgehen. Auch dann nicht, wenn versucht würde — wie vor nicht langem Gierke gewünscht hat —, die Grundlehre der historischen Rechtsschule philosophisch noch zu läutern, zu vertiefen und zu ergänzen. Die Aussichtslosigkeit derartiger Versuche mag durch denjenigen der genannten Schriftstellers deutlich werden. [32] Für Gierke ist das Letzte, auf was hier zurückgegangen werden kann, die „Rechtsidee"; fragt man jedoch, wie er dazu gelange und was ihm dieselbe sei, so erhält man zur Antwort: „dieses in dem unzugänglichen Urgrunde unseres geistigen Wesens wurzelnde Etwas;" dieses „Etwas" hat aber „Postulate"; Gevatter haben bei diesen gestanden: die „Volksüberzeugung", das „Rechtsbewufstsein", die „Autonomie des Rechtsgefühls"; mit diesen „Postulaten" kann nun das geltende Recht in Widerspruch treten, und dann ist es besser, wenn es

---

32) Gierke, a. a. O. (N. 6) S. 10 fg.

abgeändert wird; „allein Recht wird jedes noch so begründete
und noch so einstimmige Postulat erst dann, wenn es sich in
Gesetz oder Gewohnheit seinen Körper erringt." — Wie? „noch
so einstimmig?" „noch so begründet?" Gibt es denn hiernach, um darauf den Einwurf zu beschränken, unbegründete
Postulate, oder mehr oder weniger begründete? Woran denn
gemessen? Wonach denn begründet?

Hiernach bestreite ich, dafs durch die geschichtliche
Rechtstheorie die naturrechtliche Frage als wissenschaftlich
unberechtigt und unhaltbar erwiesen ist.

Ob es von Anderen geschehen ist, steht dahin. Die Unter-
nehmungen, die man dabei beachten müfste, liegen alle auf einem
der geschichtlichen Rechtswissenschaft fremden Boden; auch Stahl
hat seine limitirte Anerkennung der historischen Schule nicht
gehindert, seine Widerlegung des Naturrechtes auf einem ganz
anderen Wege, der „logischen" und der „reellen" Prüfung desselben in Angriff zu nehmen.

Oder wollte man seitens der nur historischen Juristen ganz
einfach jede Möglichkeit der objektiven Realität von Vernunfterkenntnifs bestreiten? Hat man nur den ersten Theil des
Kantischen Werkes gelesen? Der Kritizismus that doch nur dar,
dafs Vernunfterkenntnifs aus Prinzipien einen anderen Charakter
trage, als die Erfahrungslehre, aber doch niemals, dafs ihr alle
und jede objektive Realität abgehe. Es wird daher abzuwarten
sein, ob man sich auf Seiten der geschichtlichen Rechtstheorie
zur gegentheiligen Behauptung entschliefsen und dahin gehende
beweisende Ausführungen, die bis jetzt noch fehlen, unternehmen
wird; und ich merke hier nur einstweilen an, dafs man mit einer
dahin strebenden Erwägung die Methode der historischen
Schule längst verlassen haben würde: in solchem Wagnisse möchte
unter Anderem auch das Naturrecht gestürzt werden können und
verschlungen werden von den Wellen des Materialismus — aber
die geschichtliche Weise vom Wesen und Werden des Rechtes,
die hätte es nicht gethan.

Nicht minder bleibt hier — in Gemäfsheit unseres heutigen
Planes — als offene Frage hingestellt, wie man zum Beweise der
objektiven Realität einer Idee in Dingen des Rechtes gelangen
könne, welches ihre zutreffende Formulirung und ihre konkrete
Bedeutung sein möge; wir verweisen dieses ausdrücklich in beson-

Historisch-politische Neuerscheinungen

Max Niemeyer Verlag
Halle (Saale)

Zu nachstehenden Preisen tritt ein Teuerungsznschlag
des Verlags von 20 % u.

Auslandsstudien
an der Universität Halle-Wittenberg.

Öffentliche Vorträge über Fragen der Politik der Gegenwart.

Hans Bauer ·

Islamische Ethik.

Verlag von Max Niemeyer in Halle a. S.

Jeremy Bentham

Grundsätze für ein künftiges Völkerrecht und einen dauernden Frieden

(Principles of international law),

übersetzt von Camill Klatscher.

Mit einer Einleitung über Bentham, Kant und Wundt Hrsg. von Oskar Kraus, Prof. an der deutschen Universität Prag.

1915. 8°. VII, 153 S. M. 4,—

Alexander Bugge

Die Wikinger.

Bilder aus der nordischen Vergangenheit.

Autorisierte Übertragung aus dem Norwegischen von Heinz Hungerland.

1906. 8°. 282 S. Geh. M. 6,—; gebd. M. 7, :.

W. Cunningham

Entwicklung der Industrie und des Handels Englands.

Altertum und Mittelalter.

Autorisierte Übersetzung von Hilmar Wilmanns.

Mit zwei Tafeln.

1912. 8°. IV, 789 S. Geh. M. 20,—; gebd. M. 22,—.

Sigmund Feist

Indogermanen und Germanen.

Ein Beitrag zur europäischen Urgeschichtsforschung.

1914. 8°. 76 S. M. 2,—.

Richard Fester

Der Machtwille und die Weltlage.

1918. 8°. 20 S. M. 0,60.

Verlag von Max Niemeyer in Halle a. S.

Joh. Gottl. Fichte

Vom ehrenvollen Frieden.

Zum Beginn des vierten Kriegsjahres herausgegeben von
Hans Schulz.

1917. kl. 8". 20 S. M. 0,50.

Adolf Hasenclever

· Geschichte Ägyptens im 19. Jahrhundert 1798—1914.

1917. 8". XVI, 497 S. u. 1 Karte Geh. M. 15,- ; gebd. M. 16,50.

Max Horten

Die religiöse Gedankenwelt der gebildeten Muslime im heutigen Islam.

1916. 8". XXIV, 184 S. Kart. M. 6,—; geb. M. 7,—

Die religiöse Gedankenwelt des Volkes im heutigen Islam.

1. Lieferung 1917. 8". XXVIII, S. 1 — 224. M. 7, —
2. Lieferung 1918. 8". IV, S. 225 - 406. (Schluß.) M. 7, -

James Mac Kinnon

Eine Geschichte der modernen Freiheit.

Autorisierte Übersetzung von Hilmar Wilmanns.
Band I. Einleitung.

1913. XX, 430 S. Geh. M. 12,—; gebd. M. 13,50.

Kriegsbriefe eines deutschen Studenten.

Mit einer Einführung von Otto Kern.

917. 8". X, 170 S. Mit Bild des Verfassers. M. 4,- .

Verlag von Max Niemeyer in Halle a. S.

Heinrich Löwe

Das neue Rußland und seine sittlichen Kräfte.

8°. 191 Seiten. Preis geh. M. 4,40; gebd. M 5,90.

Aus dem Inhalt:

Das russische Volk am Scheidewege.
Das russische Volk und seine Arbeit.
Die russische Intelligenz und ihre kulturelle Arbeit.
Die sittliche Arbeit der russischen Kirche im Volk.
Das russische Volk und die Deutschen.
Die sarmatische Tiefebene nach dem Kriege.
Die neue russische Weltmacht und unpolitische Schlußbemerkungen.

Historische Studien.

Herausgegeben von Richard Fester.

8°.

1. Hartung, Fritz, Karl V. und die deutschen Reichsstände von 1546 bis 1555. 1910. VII, 176 S. M. 4,

2. Rödding, Hans, Pufendorf als Historiker und Politiker in den „Commentarii de rebus gestis Friderici tertii". 1912. XII, 101 S. M. 3,—

3. Pahncke, Robert, Die Parallel-Erzählungen Bismarcks zu seinen Gedanken und Erinnerungen. 1914. XVII, 322 S. M. 8,—; gebd. M. 9,—

4. Peters, Erwin, Die Orientpolitik Friedrichs des Großen nach dem Frieden von Teschen (1779—1786). 1914. XII, 56 S. M. 1,80

5. Kunau, Heinrich, Die Stellung der preußischen Konservativen zur äußeren Politik während des Krimkrieges (1853—1856). 1914. XII, 115 S. M. 3,60

6. Albrecht, Johannes, Beiträge zur Geschichte der portugiesischen Historiographie des 16. Jahrhunderts. 1915. VIII, 130 S. M. 5,-

7. Schoeps, Luise, Graf Vincent Benedetti. 1915. VIII, 134 S. M. 5,-

8. Reinhardt, Paul, Die sächsischen Unruhen im Jahre 1830 · 1831 und Sachsens Übergang zum Verfassungsstaat. 1916. VIII, 319 S. M. 10,—

Albrecht Wirth

Rasse und Volk.

1914. 8°. VI, 353 S. Geh. M. 7,—; gebd. M. 8,—.

Entwicklung der Deutschen.

1917. 8°. 232 S. Geh. M. 6,—; gebd. M. 7,50.

Druck von Ehrhardt Karras G. m. b. H. in Halle (Saale).

deres Verfahren. Das Objekt der dermaligen Diskussion, — ich gestatte mir, dies hiermit bestimmt hervorzuheben — der Gegenstand der Erwägung ist an dieser Stelle nicht das Naturrecht, sondern die Methode der geschichtlichen Rechtstheorie. Wir behaupten also nicht, dafs dieses oder jenes Vorgehen einer naturrechtlichen Richtung das zutreffende sei; oder gar ein besonderes so gewonnenes System, in Grundlage oder Einzelausführung; es bleibt ganz unentschieden, ob es überall ein Normalrecht gebe, und wie weit man mit einem solchen gehen dürfe, oder nur eine Idee der Form nach. Nur die Art und Weise der Fragestellung, das Suchen nach einem a priori gültigen Ziele und Richtmafse für alles Recht, ist ja dem sogenannten Naturrechte gemeinsam; es ist die Fragestellung und Methode, durch welche sich alle naturrechtlichen Untersuchungen von denen der geschichtlichen Rechtstheorie unterscheiden: jene auch mittels Vernunfterkenntnifs, diese nur in empirischer Forschung vorgehend; — und da sollte dieses Mal bewiesen werden, dafs die Methode der letzteren in sich unzulänglich ist, der naturrechtlichen Fragestellung mit Grund zu widersprechen. —

Wir kommen zum Schlusse dieser Betrachtung. Wie steht es denn, soll noch gefragt werden, mit dem praktischen Erfolge? Welche Kräfte sind denn thatsächlich — um mit dieser uns wohlbekannten Frage die Darlegung zu ergänzen — heute vorzugsweis wirksam und von Einflufs im Rechts- und Staatsleben, praktisch und doktrinell: geschichtliche Rechtswissenschaft oder naturrechtliche Frage?

Als die Zunft der nur geschichtlichen Juristen das Naturrecht von sich stiefs, die Pforten ihres Hauses hinter ihm verschliefsend, ist denn der also Ausgetriebene verkommen sonder Arbeit und Brot, verdorben gestorben, ohne Kunde zu lassen von seinem Schicksal? — Nein, gastliche Aufnahme fand der Flüchtling bei Fremden; sein Gewerbe, das die Regeln Jener verpönten, neu zu betreiben, gestatteten sie gern. Und seine Arbeit blieb nicht unbeachtet: Reichthum und Einflufs gedieh ihm; und Viele waren, die von ihm das Brot nahmen, das sie nährte. Die aber, die einst ihn ausgeschlossen, gewahren nun, dafs auch sie in seinem Banne stehen, und wissen nicht, wie es ändern.

Da der hohe Rath der Romantiker den Naturrechtslehrer, den altberühmten, durch das Scherbengericht des Historismus

aburtheilend, aus dem Lande der Jurisprudenz verbannte, ist
denn der davon Betroffene verschollen? Weifs Niemand, wo er
blieb? — Doch nicht; eine Königin gewährte dem Vertriebenen
Halt und Schutz; in ihrem Reiche, dem der Politik, gelangte er
zu neuem Ansehen und wachsender Macht. Den Einflufs des
historisch gewordenen Nachbarlandes auf die neue Heimath schnitt
er ab. Bald zeigte sich auch, dafs dorten die Erinnerung an ihn
und seine Wirksamkeit mit Nichten erloschen; überall standen
ihm alte Anhänger auf. Und der von ihnen und dem neuen
Reiche fühlbar ausgehende Druck bringt seinen Widersachern
Anlafs genug, auf mögliche Versöhnung zu sinnen.

Die naturrechtliche Fragestellung ist in der neueren Philosophie und Politik die vorherrschende.

Wer würde wünschen, die grofse Namenreihe von Rechts-
Philosophen jüngst vergangener Zeiten und unserer Tage hier zu
sehen, welche Mühe und Fleifs auf das Problem des Naturrechtes
verwendet haben! Die geschichtliche Rechtstheorie hat auf sie
nur sehr wenig Einwirkung entfaltet. Jene Philosophen aber
sind es, welche, die naturrechtliche Fragestellung und Betrachtung
fortsetzend, die Rechts- und Staatstheorien auch weiterhin
geliefert oder doch zu selbigen angeregt haben, die allezeit die
theoretische Grundlage der politischen Parteibestrebungen gewesen
sind. Aus dem Naturrechte ist die Rechts- und Staatstheorie der
grofsen französischen Revolution geworden, aus gleicher Art der
Erwägung entsprangen alle Prinzipien des Vorgehens in den Völker
bewegenden sozialen Fragen unserer Tage. Und es kann dieser
beispielsweise gemachte, leicht sich ergebende Hinweis um so
knapper sein, als längst nicht mehr dies mittelbar zu schliefsen
und zu beweisen ist, sondern laut im politischen Leben seinen Ausdruck findet. Dies aber nicht etwa, wie man gemeint hat,[33] im
Interesse der radikalen und revolutionären Parteien; jüngsthin ist
von „konservativer" Seite als Ziel auch der von ihr zu vertretenden
Politik der „Auf- und Ausbau des natur- und vernunftgemäfsen
Staates" proklamirt worden; und dafs die Partei des „Centrums"
an der katholischen Lehre des Naturrechtes unentwegt festhält,
hat vor Kurzem ein katholischer Philosoph und Politiker versichert

---

33) Gierke. a. a. O. (N. 6) S. 13.

und des Näheren begründet und ausgeführt.[34] So konnte es geschehen, dafs von der Tribüne des Parlamentes von Mafsregeln der Staatsregierung in verwerfender Kritik geltend gemacht wurde, dafs sie dem Naturrechte widersprächen, und Niemand aufstand in der Vertretung des Volkes, um die Zuständigkeit dieser Instanz überhaupt zu bezweifeln. Und immer schärfer gefafst ist in unseren Tagen in der Polemik hervorragender Politiker der Erwägung Raum gegeben worden: welche Parteien durch prinzipielle Differenzen geschieden wären, das heifst doch durch Unterschiede des a priori vorschwebenden Zieles, und welche nur durch Zweckmäfsigkeitsfragen, nämlich in verschiedener Ansicht über die Erwägung, wie nach der ihnen gemeinsamen Idee unter unseren empirisch gegebenen Verhältnissen zu handeln sei. Darf man aus solchen Zeichen auf weiter verbreitete Meinung schliefsen, so mufs man sagen: dafs nicht die geschichtliche Rechtstheorie, sondern naturrechtliche Erwägung den bestimmenden Einflufs auf die Praxis des Staatslebens hat; jene genügt nicht, man will mehr wissen.

Es ist aber der geschichtlichen Rechtstheorie auch gar nicht geglückt, nur im Kreise der technischen Jurisprudenz die im Äufseren errungene Alleinherrschaft innerlich vollständig durchzuführen und aufser Zweifel zu stellen. Keine Disziplin ist hiervon ausgenommen; besonders aber mischen sich seitens der Civilisten in die bestimmten Versicherungen von der wissenschaftlichen Beseitigung des Naturrechtes häufige, schon an sich nicht ganz damit zu vereinigende Klagen, dafs selbiges noch immer grofsen Einflufs in der Jurisprudenz ausübe. Man wird nicht anstehen dürfen, diese Klagen als zutreffend zu erachten. Aufser der bekannten „Natur der Sache", welche in den heutigen Lehrvorträgen den „positiven Bestimmungen" so gerne entgegengesetzt wird und haarscharf das φύσει δίκαιον des Aristoteles deckt, kann im Vorbeigehen besonders auf die öfter wiederkehrende Gegenüberstellung der „formalen" Rechtsfolge, die „materiell" z. B. ungerechtfertigt sei, auch auf die gelegentliche Einführung der „ausgleichenden" (hier und da auch geradezu „natürlichen") „Billigkeit", u. A. verwiesen werden. Auch in die einfache Darstellung des

---

34) Hertling, zur Beantwortung der Göttinger Jubiläumsrede (1887).

Rechtsstoffes mischt sich sonach immer wieder ein Bedürfnifs, das als bestehend Aufgewiesene an der Hand eines aufserhalb dieser Rechtsordnung liegenden Mafsstabes zu rechtfertigen. Und wenn nichts gewöhnlicher ist, wie eine Entgegensetzung von „Wissenschaft" und „Gesetzgebung"; wenn man so gerne für die Rechtswissenschaft eine selbständige und von dem Staatsgesetze unabhängige Stellung hätte: was ist es anders, wie ein Wunsch, aus Erwägungen naturrechtlicher Art entspringend?

Dafs man sich bescheide und zufrieden wäre, nur zu sagen, was da ist, — ohne alle innerliche Kritik, ohne jede Abwägung und Werthschätzung — scheint schwer zu gelingen. Wenn nun dabei Mifsbräuche und Unklarheiten vorkommen: wer anders ist dann letztlich Schuld daran, als die beschränkte Fragestellung der geschichtlichen Rechtstheorie, welche hindert, dafs man über das a priori feststehende Ziel, über den objektiven Mafsstab, den in der That ein Jeder hat, den Jedermann thatsächlich gebraucht, in das Klare kommt. Die Begrenzung der Aufgabe auf empirische Erforschung geschichtlicher Rechte ist es, welche der naturrechtlichen Frage, die nie zu unterdrücken ist, auch an solchen Stellen Einflufs verschafft, wo sie gar nicht mehr berechtigt ist; woraus man sie aber auch nicht mit vollem Erfolge verjagen kann, weil man sich faktisch nur von ihr abkehrt, und, statt ihr scharf die Grenzen des Gebietes ihrer Berechtigung zu stecken, alle Existenzbefugnifs derselben einfach abspricht.

Wie sehr diese Art des Verhaltens der geschichtlichen Schule gegen das Naturrecht ein Tödtungsversuch mit absolut untauglichen Mitteln war, lehrt endlich auch die Rechtsprechung. Es wäre an der Hand der öffentlich gemachten Gerichtssprüche nicht schwer, nachzuweisen, wie hier die „Natur der Sache" und der Art nach verwandte mannigfache Erwägungen noch eine ganz andere Rolle spielen, als innerhalb der darstellenden Doktrin. Und dies ist gar nicht unbegreiflich. Tritt doch gar leicht an den Richter die Versuchung heran, in den Gründen seines Erkenntnisses nicht nur die Richtigkeit seines Spruches nach geltendem Rechte zu erweisen, sondern auch eine Rechtfertigung des letzteren, wenn nicht ausführend zu liefern, so doch durchschimmern zu lassen. Welchen scharfen Ausdruck in einem der nur geschichtlichen Auffassung feindlichen Sinne dies aber gelegentlich

finden kann, dafür mag ein Beispiel aus unseren Tagen hier eine
Stelle finden; wir meinen den Ausspruch des Reichsgerichtes,
dafs der Autor auf Geltung und Wirkung des individuellen Charakters seiner Geistesarbeit in Bezug auf das Ganze wie auf
Einzelheiten ein natürliches Recht hat.[35]
Die naturrechtliche Frage läfst sich nicht bannen; der Zweifel,
ob bestehendes Recht vernunftgemäfs sei, kann nicht lediglich
zur Seite geschoben werden. Die das historisch gewordene Recht
ergründen und darstellen, die fordert er und zieht sie vor Gericht.
Der nur geschichtlichen Rechtsschule aber, als sie erklärte, dafs
sie Nichts von ihm wissen, Nichts mit ihm zu thun haben wollte,
dafs seine Frage nicht für sie bestände: ihr ging es wie dem
Manne, der von dem Versäumnifsurtheile erstaunt betroffen wurde,
denn „en Prozefs will hei nich hewwen."
Und nun ist es so weit, dafs man der Zwangsvollstreckung
vorbeugen möchte: auf die Forderung nach allgemeingültiger und
nothwendiger Erkenntnifs für das Recht, die auf Prinzipien a priori
beruhe, soll eine Zahlung geleistet werden. In zweifachem Sinne
— sagt der neueste, der geschichtlichen Richtung angehörige Schriftsteller über den Streit der historischen und der philosophischen
Rechtsschule[36] — soll die wissenschaftliche Berechtigung eines
„Naturrechtes" nicht bestritten werden. Aber er sagt noch nicht, in
welchem Sinne dasselbe ausgemittelt werden, welche Bedeutung es
haben und welchen Platz in der Wissenschaft es einnehmen solle.
Und, was schlimmer ist, es ist ihm ganz entgangen, dafs er das
Problem grundsätzlich so formulirt, wie dasselbe im Anfange des
neuzeitlichen Naturrechtes gefafst worden ist. Die geschichtliche
Rechtsschule hat die naturrechtliche Frage eine Zeit lang als in sich
unberechtigt abgewiesen und bei Seite stehen lassen; nun sie sich
wieder darauf zu besinnen beginnt, beginnt sie unwillkürlich da,
wo das Problem vor mehr denn dritthalbhundert Jahren gestanden
hat. Die Zeit ihrer Herrschaft, so unvergleichlich reich und fruchtbar für die technische Jurisprudenz in systematischer wie historischer Hinsicht, bedeutet für die zweite Seite unserer Wissenschaft, für die Theorie des Rechtes — für das Suchen nach dem,
was sich nothwendig und allgemeingültig in Dingen des

---

35) Entscheidungen des Reichsgerichts in Civilsachen Bd. XVIII (1887)
Nr. 4 (Urth. v. 10. Juli 1886) S. 18.
36) Bekker, a. a. O. (N. 26) S. 21 N. 53.

Rechtes erkennen lasse, vor Allem für das Forschen nach einem aus Vernunftprinzipien festzustellenden Zielpunkte und Richtmaſse alles Rechtes — einen wissenschaftlichen Rückschritt.

Der eben erwähnte geschichtliche Jurist sagt — und wir stellen zum Beweise des Gesagten die Problemfassung jener älteren Autorität alsbald daneben [37] —

„Zwei Begriffen, die gleichfalls mit dem Namen „Naturrecht" zu bezeichnen sind, soll ihr Platz innerhalb der Wissenschaft nicht bestritten werden:

A. Das allen einzelnen Rechten der verschiedenen Zeiten und Völker Gemeinsame. Festzustellen selbstverständlich erst dann, wenn alle diese Einzelrechte bekannt sein werden, wovon wir einstweilen noch recht weit abzusein scheinen. Augenblicklich also zu ersetzen nur durch das den uns schon bekannten Rechten Gemeinsame, also abhängig von den zufälligen Grenzen unserer Kenntnifs . .

B. Was sich mit Nothwendigkeit aus der allgemeinen Menschennatur herleiten läſst . ."

„Esse autem aliquid iuris naturalis probari solet tum ab eo quod prius est, tum ab eo quod posterius, quarum probandi rationum illa subtilior est, haec popularior.

A priori, si ostendatur rei alicujus convenientia aut disconvenientia necessaria cum natura rationali ac sociali:

A posteriori vero, si non certissima fide, certe probabiliter admodum iuris naturalis colligitur id, quod apud omnes gentes, aut moratiores omnes tale esse creditur. Nam universalis effectus universalem requirit causam: talis autem existimationis causa vix ulla videtur esse posse praeter sensum ipsum, communis qui dicitur."

Die sog. historische Rechtsschule ist begründet, wie man in jedem Kompendium lesen kann, durch Gustav Hugo, dessen noch 1819 zum vierten Male ausgegebenes Lehrbuch des Naturrechtes, nach der Mittheilung des Verfassers, unter dem Eindrucke der Rechtslehre von Kant und Fichte ausgearbeitet worden ist; und sie ist ausgelaufen in die Fragestellung des — Hugo Grotius.

---

37) Bekker, a. a. O. (N. 36), — Grotius, l. c. (N. 24) I, 1 c. XII, 1. (Nur daſs die a posteriori gemeinte Begründung des Grotius schärfer und besser gefaſst ist, wie der von Bekker formulirte Vorschlag eines empirischen Beweises des Naturrechtes.)

V.

„Dazu ist denn vor Allem unumgänglich: dafs der Entwickelungshistoriker das genaueste und deutlichste Verständnifs von der reifen Gestalt besitze und bekunde, von welcher er die Entwickelung verfolgt. Die Entwickelungsgeschichte ist stets und lediglich eine analytische Aufgabe. Scheinbar naives Aufsuchen der Verbindungsstücke und glückliches Probiren, ob sie passen, ist ein ganz eitles Unterfangen."

Cohen, Kants Theorie der Erfahrung 2. A. S. 7.

Wir nannten oben noch ein zweites Problem, das dem Juristen leichtlich Anlafs gibt, über die blofse Kenntnifsnahme von geschichtlichem Rechte hinauszugehen: die Rechtsentstehung durch Rechtsbruch.

Wenn das seither Besprochene die Materie des Rechtes betraf und sich mit der Erwägung abgab, wie bestehendes Recht nach seinem Inhalte gerechtfertigt werden könnte, so geht diese zweite Frage nur auf die Form des Rechtes und beschäftigt sich mit dem Bedenken, wie es mit der Entstehung von Recht ganz abgesehen von dem Inhalte desselben beschaffen sei. Die Erörterung hierüber ist daher von jener unabhängig und Allen ganz gleichermafsen gemeinsam, wie sich auch immer Einer das Ziel vorstellen möge, das den unablässig sich ändernden Rechtsordnungen hinsichtlich ihres Inhaltes vorgesetzt ist.

Als wir früher das angeregte Problem zuerst formulirten, haben wir uns darauf beschränkt, zu fragen: wie rohe Macht und Gewalt Recht bewirken könnten. Es mufs aber jetzt gesagt werden, dafs selbiges dem Ausdrucke nach nicht zu eng verstanden werden dürfe: es umfafst nicht nur die Rechtsentstehung gegen die bestehende Rechtsordnung, sondern auch die, welche überhaupt ohne alle Rücksicht auf dieselbe möglich ist. Die

Frage ist für beide aber ganz dieselbe, so dafs ein zunächst mehr
die erste Möglichkeit wiedergebender Ausdruck unbedenklich das
Ganze vertretend angewendet werden darf.

„Das Recht, sagt Brinz,[38] enthält vor Allem Bestimmungen
über sich selbst." Es bestimmt, wie, durch welche Faktoren und
in welcher Weise, neues Recht entstehen soll. Ja es ist eine
Eigenthümlichkeit entwickelter Zustände, dafs die Neubildung von
Recht möglichst in Gemäfsheit und nach den Vorschriften der
bestehenden Rechtsordnung erfolge; so dafs namentlich eine Abänderung der dieses regelnden Rechtsnormen auch wieder durch
einen allgemeinen Rechtssatz vorgesehen ist, der dann nun selbst
in Gemäfsheit seiner eine Umgestaltung erfahren kann, wie Alles
am einfachsten durch das Beispiel unserer Staatsverfassungen be-
legt wird. Aber der Gang der Rechtsgeschichte bindet sich nicht
daran und wird es schwerlich jemals ausnahmslos thun; wer die
Geschicke der Staaten verfolgt, weifs genug davon zu berichten,
wie oftmals Recht geworden ist ohne Rücksicht und im Gegensatze zu der bestehenden Rechtsordnung.

Dahin zählt ein jegliches Eingreifen einer Regeln setzenden
Macht, die nicht auf bestehendes Recht sich gründet, jede dahin
gehende rohe Gewalt: Empörung und Eroberung, Staatsstreich und
Revolution, und was immer im Einzelnen mit solchen Begriffen
verwandt ist. Aber es gehören hierher auch ursprüngliche, durch
die seitherige Rechtsordnung nicht gedeckte Verträge, wie beispielsweise die, so unser Reich begründeten und neue Rechtsge-
walten über den seitherigen schufen; vor Allem auch die völker-
rechtlichen Vertragsschlüsse (sofern man sich nicht darauf beschränkt,
sie nur für mehrere, inhaltlich übereinstimmende, Staatsgesetze zu
erklären), zum Mindesten diejenigen, welche den Anfang des neuzeitlichen Völkerrechtes ausmachten. Und es ist auch hier der
Ort, woselbst als schliefsliches diesmaliges Beispiel auf die Möglichkeit einer Entstehung von Rechtssätzen verwiesen werden kann,
welche innerhalb des Rahmens einer einzelnen Rechtsordnung geschieht, jedoch auf Grund einer Thatsache, welche von dem bestehenden Rechte als Rechtsquelle nicht anerkannt oder verboten
oder eingeschränkt ist; so besonders auf Entstehung von Gewohn-

---

38) Brinz, Lehrbuch der Pandekten, Bd. I, 2. Aufl. (1873), § 17, S. 87.

heitsrecht, dessen Bildung die Rechtsordnung untersagt, das aber doch seine Wirkung oftmals geäufsert hat.

So nehmen wir nun die Thatsachen, von denen dieses Beispiele sind, und fragen: wie sie zu begreifen seien?

Da nun alle Rechtsentstehung erfolgt entweder in Gemäfsheit der Sätze, welche die dermalige Rechtsordnung dafür vorgesehen hat, oder ohne und namentlich gegen das Recht: so ist es klar, dafs man ein gemeinsames Merkmal für alle möglichen Rechtsbildungen haben müsse, aus welchem dieselben begreiflich werden.

Ich werde nun den Beweis dahin antreten: dafs die historische Rechtsschule dem nur in ungenügendem Versuche nachgekommen ist, dafs sie — wenn man zunächst nur die literargeschichtliche Thatsache betrachtet — die Möglichkeit von Rechtsentstehung durch Rechtsbruch nicht erklärt hat; zum Andern zeigen: dafs sie mit der Methode, die ihr eigen ist, es auch gar nicht vermocht hätte, weil sie nach dem ihr charakteristischen Vorgehen das gemeinsame Merkmal in den thatsächlich wirkenden Faktoren suchte und suchen mufste, und nicht, was allein zum Ziele führen kann, in den Erkenntnifsbedingungen des Rechtes.

Zweifelsohne sind nun Bemühungen der geschichtlichen Schule um Einheit des Gesichtspunktes für alle Rechtsentstehung erfolgt; es sind die Bestrebungen, denen wir das Erscheinen des Volks-Geistes verdanken. Den beschworen sie; und das magische Geschöpf zauberte so blendende Schätze vor den Blicken des ihn Bannenden hervor, dafs dieser schnell berechnete, wie er nicht allein die gesammte staatliche Gesetzgebung dafür sich kaufen könnte, sondern auch noch einige Forderungen auswärtiger Gläubiger zu befriedigen im Stande wäre. Selbst so freilich nur einen Theil: der Rest mochte einstweilen stehen bleiben.

Die letzte Quelle des Rechtes soll also der sogenannte Volksgeist sein; aber freilich könnte das — Ausnahmen haben. „Allerdings kann auf die Bildung der Staaten Zufall und Willkür grofsen Einflufs ausüben, und besonders wird die Begrenzung derselben durch Eroberung und Zerstückelung oft sehr abweichend von den natürlichen, durch Volkseinheit angegebenen Grenzen bestimmt. . . . Allein alle solche Ereignisse, wie häufig sie auch in der Geschichte vorkommen mögen, sind doch nur Anomalien. . . Tritt ein

fremdartiges historisches Moment in diesen natürlichen Bildungs-
prozefs ein, so kann dasselbe durch die sittliche Kraft und Ge-
sundheit des Volkes überwunden und verarbeitet werden; gelingt
diese Verarbeitung nicht, so wird ein **krankhafter Zustand
daraus hervorgehen.**" [39]

Aber wir wollen jetzt gar nicht wissen, ob ein Rechtszustand
billigenswerth sei oder nicht, ob das, was Recht geworden
ist, auch Recht sein sollte; vielmehr das allein steht jetzt in
Frage, wie die Neuentstehung des Rechtes, formal angesehen,
überall möglich sei. Selbst wenn die zum Grunde liegende Anschauung gebilligt werden könnte, wäre durch die Ausführung
Savigny's unsere jetzige Frage nicht gelöst; es ist durch jenes
um Nichts erklärlicher geworden, wefshalb eine Gewaltthätigkeit
möglicherweise nicht rohe Gewalt bleibt, sondern Recht wird,
obschon vielleicht „krankhaftes" Recht. Da es als thatsächlich
feststehend zugegeben wird, dafs öfter Macht und Gewalt, unabhängig von der sogenannten Volksüberzeugung, Recht gewirkt
haben, so war diese Thatsache begreiflich zu machen; — sie
lediglich als „anomal" zu bezeichnen, ist das gerade Gegentheil
von der Lösung dieser Aufgabe.

In der That ist es auch viel zu eng, wenn Savigny in die-
sem Zusammenhange blofs Gründung und Grenzenbildung der
Staaten nennt. Es kommt auf alle Rechtsentstehung an, die
nicht in Gemäfsheit bestehender Rechtsordnung vor sich geht.
Wie weit eine solche nun mit dem Phantom der historischen
Rechtsschule übereinstimmt, vermag Jemand, der nicht zu den
Volks-Geistersehern gehört, nicht zu sagen; wir können uns hier
nur an die Nachgabe von Angehörigen der letzteren Gruppe hal-
ten, dafs diese Übereinstimmung allerdings in so und so vielen
Fällen nicht gegeben sei.

Dies aber ist verhängnifsvoll für jene. Die geschichtliche
Rechtsschule will doch auf eine Theorie gegründet sein, auf eine
Lehre, die nothwendig und allgemeingültig ist; Regeln von
blofs komparativer Allgemeinheit können nicht als Grundlage für
sie dienen. Wenn Puchta sagt, dafs mit dem Volke noth-

---

39) Savigny, a. a. O. (N. 19) S. 31 fg.

wendig auch das Gewohnheitsrecht gegeben sei; wenn behauptet
wird, dafs der sogenannte Volksgeist oder die sogenannte Volksüberzeugung die letzte Quelle alles Rechtes abgebe: so heifst
das doch mehr, wie die Behauptung einer gewissen Regelmäfsig-
keit, von der es mehr oder weniger schwer wiegende Ausnahmen
gebe. Wenn es blofs das letztere wäre, so brauchte man überhaupt nicht mehr jene Meinung prüfend zu erörtern, denn alsdann
hätte man eine „geschichtliche Theorie des Rechtes" überall nicht
mehr vor sich; die hätte dann abgedankt.

Mit Nichten aber wäre damit die Forderung nach konstanten
Bedingungen, unter denen alles Recht stehen mufs, beseitigt.
Denn wenn solche nicht in nothwendiger und allgemeingültiger
Weise angegeben werden können, so würde „Recht" nur ein
konventioneller Begriff einer bestimmten Art von Gewalt sein.
Dann aber könnte seine Möglichkeit überall nicht eingesehen
werden. Denn gesetzt, dafs die Merkmale des Rechtes nur auf
willkürlicher Vereinbarung beruhten, dafs sie also ganz zufällige
wären, ohne als nothwendige bewiesen werden zu können, so
vermöchten sie eben gar keinen festen Halt zu gewähren; und
man hätte sonach überall keinen objektiv gültigen Begriff von
Recht.

Es mufs also allgemeingültige Bedingungen für alles Recht
geben, oder — es ist kein Recht. Die Führer der alten historischen Schule haben dieses Problem, nach ihren eigenen Aus-
sagen, nicht aufgelöst, denn sie erkennen von ihrer Regel
Ausnahmen an. Spätere geschichtliche Juristen haben dies zu
vermeiden gesucht; und es finden sich sehr viele und bekannte
Versuche, die Merkmale des Rechtes in allgemeingültiger
Weise zu bestimmen. Allein soweit dieselben auf eine blofse
Beschreibung von vorhandenem Rechte hinausliefen, konnten sie,
auf sich beschränkt, jenes, was sie versuchend in Angriff nahmen,
nicht leisten; weil ja Erfahrung immer nur lehrt, dafs etwas
so oder so gewesen oder nicht gewesen ist, nicht aber darthut, dafs
dies nun nothwendig so und nicht anders geschehen sei. Wenn
also die Bedingungen, unter denen Recht steht, als nothwendig geltende aufgewiesen werden sollen, so mufs man über
die Aufzählung der äufseren Merkmale geschichtlicher Rechtsordnungen hinausgehen.

4 *

Hiernach kann es sich nur fragen, ob sich nicht die Aufstellung der älteren geschichtlichen Richtung verbessern und eine
zutreffendere Feststellung desjenigen Faktors finden liefse, der
überall thatsächlich bei der Rechtsentstehung betheiligt sein kann;
und dahin gehen mannigfache Versuche, an die in dem ersten
Paragraphen dieser Abhandlung erinnert worden ist. Aber auch
dieses verspricht keinen Erfolg. Und zwar nicht sowohl defshalb,
weil faktische Schwierigkeiten in der allzu grofsen Zahl und
verschiedenartigen Beschaffenheit der thatsächlich wirkenden Ursachen da wären, sondern aus dem Grunde: weil die Methode und
die Richtung der Fragestellung in jenen Versuchen bereits die
Erreichung des Zieles unmöglich macht.

Erinnern wir uns, worauf das Problem gestellt war: wir gewahren, als geschichtliche Thatsachen, aufserordentlich viele Arten
von Rechtsentstehung; man will sie verstehen und bestrebt sich,
das Prinzip für dieselben aufzusuchen, sie, die vereinzelten Phä-
nomene, in einer Einheit zu begreifen. An diese Aufgabe
macht sich die geschichtliche Rechtstheorie, indem sie die
thatsächlich wirkenden Faktoren in einer letzten „Urkraft"
zusammenzufassen, auf eine zuletzt wirkende Ursache der Rechtsentstehung zurückzuführen suchte. — Dies aber ist ein in sich
verkehrter Weg.

Und hier ist der Ort, um einen grundsätzlichen methodischen
Gegensatz unsererseits zu der geschichtlichen Rechtswissenschaft
überhaupt klar zu stellen, einen prinzipiellen Unterschied, dem ich
durch das an der Spitze citirte Wort eines hochverdienten Kant-
Interpreten einstweilen einen knappen Ausdruck zu geben suchte:
dafs alle Entwickelungsgeschichte analytisch, das Gewordene nach
der Seite seiner Bildung hin auflösend, sei und das Richtmafs
eines systematisch begründeten Urtheiles nothgedrungen voraus-
setze. Man kommt nicht von der geschichtlichen Betrachtung zu
dem Gewordenen, sondern gerade umgekehrt; man sucht, von
diesem ausgehend, seine Erfahrung nach rückwärts in der Zeit
zu erweitern. Wohl mag dann, wie bei jeder Analyse, die
Erkenntnifs des nun Vorliegenden durch die Aufsuchung seines
Entwickelungsganges nach den verschiedensten Seiten hin gefördert
und gesteigert werden können, — das ist nicht der Streit; sondern
es handelt sich um die Angabe der historischen Aufgabe als solcher

und um ihre methodische Verwerthung. Und da gilt von jener, dafs ihr, wenn es gelingt, eine Erweiterung unserer Erkenntnifs zufallen mag, nach rückwärts gerichtet, niemals aber ihr eine Neubildung derselben zukommen kann, von dorten aus nach uns zu gehend. Der Versuch, aus der Geschichte heraus zusammenfügend zu erschaffen, käme auf ein Mifslingen oder eine Selbsttäuschung hinaus; es gibt nur Geschichte von Etwas. Wenn die sogenannte genetische Methode die vollkommneren Gestaltungen aus den unvollkommneren sich erzeugen sehen will, so sollte nie übersehen werden, dafs im Nachweise des Keimes das Wozu er sich entwickeln, Wessen Keim er sein soll, schon vorschwebt; nur vom vollendeten Erzeugnifs fragen wir zurück nach den keimartigen Anfängen.

Nun kann ich freilich nicht behaupten, dafs die Schriftsteller der historischen Rechtsschule diesen methodischen Gegensatz klar ausgesprochen und der Entwickelungsgeschichte einen synthetischen Charakter ausdrücklich vindizirt hätten. Aber dafs es mehr oder weniger unwillkürlich die zum Grunde liegende Meinung war und ist, dafür liefsen sich nach vielen Wendungen aus Schriften geschichtlicher Juristen leicht genügende Indizien zusammenstellen. Darauf weist auch der Grundgedanke unserer perversen Unterrichtsmethode hin, wonach man mit den Anfängen der Rechtsgeschichte zu beginnen und das bestehende Recht zum Schlusse zur Kenntnifs zu nehmen habe. Dadurch ist auch die Art und Weise der Untersuchung in unserer Frage bestimmt worden, indem jene Richtung in der Erforschung des Rechtes nicht nur mit Vorliebe auf die ältesten und Urzeiten zurückging, sondern die ganze Frage auf die allgemeingültige Ergründung der thatsächlichen Entwickelung und Ausbildung des Rechtes zurückzudrängen und zu beschränken suchte.

Statt dessen wäre vielmehr, in Nutzanwendung der eben gegebenen Ausführungen, das gemeinsame Merkmal, das für alle Rechtsbildung gelten sollte, in dem Begriffe Recht selbst zu suchen, und nicht in den thatsächlich wirkenden Faktoren. Da gleichermafsen gemäfs der Rechtsordnung und möglicher Weise ohne Rücksicht auf dieselbe „Recht" soll entstehen können, so müfste doch allem irgendwie entstandenen Rechte ein allgemeingültiges Kriterium nothwendiger Weise gemeinsam sein; und es

würde sich mithin die Untersuchung auf die Frage zuspitzen
müssen:

Woran erkennt man überhaupt, ob Etwas „Recht" ist?
Gibt es nicht gewisse konstante Bedingungen, unter denen
überall erst der Begriff „Recht" möglich ist?
Dieser Frage wäre nachzugeben, und ihre Lösung zu versuchen; es wären die Erkenntnisbedingungen aufzuweisen,
welche den Begriff Recht überall erst konstituiren; vielleicht z. B.
der Begriff der (der Form nach) dauernden heteronomen Ordnung
in Beachtung zu ziehen. Wenn jenes gelänge, so wären alle allgemeinen Fragen aus der Rechtsquellenlehre aufgelöst. Dafs beispielsweise rohe Gewalt Recht wirken könne, wäre damit begreiflich,
dafs bestimmte Machtgebote den Bedingungen genügen, unter denen
der Begriff „Recht" überhaupt steht; und andererseits würde man
eine feste allgemeingültige Grenze, innerhalb deren Rechtsbildung
überhaupt nur möglich ist, damit gefunden haben, dafs eben die
Erkenntnisbedingungen dargelegt und nachgewiesen werden, ohne
welche man den Begriff „Recht" gar nicht haben würde.[40]
Dagegen ist es ganz unmöglich, auf dem von der geschichtlichen Rechtstheorie eingeschlagenen Wege vorwärts zu kommen.

40) Nur diese erkenntnifskritische Fragestellung ist als grundlegende
für obiges Problem nothwendig; während die psychologische Erwägung erst
in zweiter Linie kommt. Defshalb berührt sich das hier in Aussicht Genommene
zunächst gar nicht mit demjenigen, was Zitelmann, a. a. O. (N. 3) bes.
S. 446 ff. zu erörtern begonnen hat. Dieser Schriftsteller sucht darzuthun: wie
in psychologischem Prozesse die Vorstellung, dafs eine Regel Recht sei, sich
entwickele; er will des Näheren zusehen, in welcher Weise „die Vorstellung
des thatsächlichen Herrschens eines Rechtssatzes sich in die seiner rechtlichen
Geltung verwandele", in welcher Art sich allmählich in dem korrekt denkenden
Beobachter die Erkenntnifs einer rechtlich geltenden Ordnung erzeuge.
Allein diese psychologische Frage ist durchaus nicht die einzige und nicht die
letzte hier anwendbare. Denn etwas anderes, wie diese Frage nach dem subjektiven Bildungsprozesse einer Erkenntnifs ist die objektiv kritische Forschung
danach, was jene sei und bedeute, und welchen Geltungswerth dieselbe habe;
unter welchem Gesetze, unter welchen nothwendigen und bleibenden Bedingungen sie stehe. Diese Untersuchung nach den Erkenntnifsbedingungen des Rechtes — nicht nach dem, was der Zeit nach, sondern was
dem Grunde nach vorausgeht — fehlt bei dem genannten Autor. Im Übrigen
gehört das Verhältnifs von Erkenntnifskritik und Psychologie des Näheren
nicht hierher.

Gesetzt, es gelänge ihr mit der Verallgemeinerung empirischer Thatsachen, namentlich thatsächlich wirkender Faktoren besser wie seither, und sie könnte eine einheitliche thatsächliche Quelle so finden, dafs in der seither gemachten Erfahrung sie auf keinen Widerspruch stiefse; aber welches Recht hat sie, diese verallgemeinernde Induktion zum Range eines unverbrüchlichen Gesetzes mit Nothwendigkeit und Allgemeingültigkeit zu erheben?

An dieser Frage mufs die mit der Methode der geschichtlichen Rechtstheorie versuchte Grundlegung der Rechtsquellenlehre scheitern. Dieselbe stellt allgemeingültige, unwandelbare Gesetze der Rechtsbildung auf, ohne die Berechtigung hierzu nachweisen, ohne die Möglichkeit solcher Gesetze darthun zu können. Stets wird daher das Bedenken offen bleiben, ob nicht doch vielleicht noch einmal eine andere Thatsache, als eine aus jener angeblich nothwendigen und einheitlichen Quelle fliefsende, eine Rechtsentstehung wirken könne; immer der Zweifel ungeschlagen verharren, ob jene Lehre wirklich unbedingt gelte, — und diesen Zweifel nehme ich hiermit auf.

Ich bestreite, dafs die nach der Methode der geschichtlichen Rechtstheorie aufzustellende Art der Rechtsbildung nothwendig und allgemeingültig sei. Dies war behauptet und mufste behauptet werden; sonst hätten wir überhaupt keine feste Grundlage für Recht und Rechtswissenschaft, und es wäre nimmer der Mühe werth, solche nur bedingt geltende Lehre als mangelhaftes Fundament erst noch aufzuweisen. So ging die Behauptung auf jene Eigenschaften der Lehre, aber bewiesen sind sie nicht. Das ist auch unmöglich, so lange man auf geschichtliche Forschung dabei sich beschränkt.

Jeder Versuch, das genannte Bedenken zu heben, mufs ganz von selbst auf unsere Frage: woran man Recht überhaupt erkenne, zurückführen; die Methode der geschichtlichen Rechtstheorie kann für sich gar keine Antwort darauf geben. Ohne eine kritische Rechtfertigung bleibt aber die Aufstellung unbedingt gültiger Entwickelungsgesetze für das Recht ein dogmatischer Aufbau ohne zuverlässigen Grund, und schutzlos gegen die Skepsis.

Oder will man vielleicht zur Rechtfertigung jenes Vorgehens auf die mathematische Naturwissenschaft verweisen? —

VI.

„Unser Zeitalter ist das eigentliche Zeitalter der Kritik, der sich alles unterwerfen muſs. Religion durch ihre Heiligkeit und Gesetzgebung durch ihre Maje- stät wollen sich gemeiniglich derselben entziehen. Aber alsdann erregen sie gerechten Verdacht wider sich und können auf unverstellte Achtung nicht Anspruch machen, die die Vernunft nur demjenigen bewilligt, was ihre freie und öffentliche Prüfung hat aushalten können."

Kant, Kritik der reinen Vernunft 1. A. p. V*.

Es steht zu hoffen, daſs nach dem Gesagten man darüber einig werden kann, daſs die Methode der geschichtlichen Rechtstheorie die zwei nun oft genannten Probleme nicht erledigen kann. Aber ist es denn nothwendig, dies zu thun?

In der That ist von einem geschichtlichen Juristen zugegeben worden, daſs die historische Schule es nicht unternommen habe, „die letzten Fragen der Rechtsphilosophie zu lösen".[41] Aber dann — so muſs man entgegnen — darf auch nicht der Anspruch erhoben werden, eine allgemeingültige Grundlage für die Rechtswissenschaft fest und unerschütterlich geliefert zu haben; und wenn der eben genannte Schriftsteller dieses doch geradezu behauptet und dahin im Fortgange sich ausspricht, daſs sie „festen Boden geschaffen hat, welchen auch keine künftige Rechtsphilosophie ungestraft verlassen darf", — so ist dies im Verhältniſs zu der vorher gemachten Nachgabe ein Widerspruch; und ganz unhaltbar, wenn man unserer obigen Ausführungen sich erinnern will. So bleibt nichts übrig, als entweder sich ganz und voll der Sache anzunehmen, oder aber gar nicht: ein Vorgehen rechtsphilosophischer Betrachtung bis zum halben Wege kann Nichts nutzen.

---

41) Gierke, a. a. O. (N. 6) S. 7.

Verlag von Max Niemeyer in Halle a. S.

Das Ausland im Weltkrieg

Seine innere Entwicklung seit 1914

VI, 444 S. Preis brosch. 14,— M, geb. 16,— M.

Inhalt:

Die ganze Welt ist seit 1914 eine andere geworden. Der Gewaltfriede hat die Störung der Weltwirtschaft nur noch vertieft. Die Struktur des Gesellschaftsbaues beginnt auch in den neutralen Ländern sich durchweg zu verändern. Die Neuorientierung der deutschen Politik hat daher von einer Berichtigung unsrer in den Zuständen von 1914 wurzelnden Vorstellung vom Auslande auszugehen. Die Universität Halle hat dieses Zentralproblem aller Auslandsstudien mit glücklichem Griffe angepackt, indem sie anerkannte Sachverständige zur Beantwortung der dringendsten Frage unserer äußeren Politik herbeizog. Wer wissen will, wie es heute in Belgien, Dänemark, Österreich, England, Frankreich, Holland, Italien, Rußland und Schweden aussieht, darf an diesem Buche nicht vorübergehen. Der Parlamentarier, der Journalist, der Historiker und jeder politisch interessierte Deutsche findet darin eine Fülle zuverlässiger Belehrungen. Auch die Wandlungen der Großmacht der Internationale seit 1914, ihre Wiedervereinigung und ihre Spaltung durch Abtrennung der Moskauer Internationale sind darin nicht vergessen. Man wird dem Geschichtschreiber der Niederlande, Professor Blok in Leiden, dem Verfasser des besonders lesenswerten Kapitels über Holland nur beipflichten müssen, wenn er es als „ein gutes Vorzeichen für die Zukunft Deutschlands, ein Zeichen ungebrochenen Mutes" ansieht, daß man in Halle „das Bedürfnis gefühlt hat, über die Zustände in den Nachbarländern wahrheitsgetreu unterrichtet zu werden." In Deutschland wird dieses Buch den letzten Rest von Illusionen zerstören, dem Auslande wird es beweisen, daß es in Deutschland nicht an Männern fehlt, die die Dinge sehen, wie sie sind. Im Augenblicke gibt es keinen zuverlässigeren Auslandsspiegel.

═══ **Die Vorträge sind auch einzeln erhältlich** ═══

Druck von Ehrhardt Karras G. m. b. H. in Halle (Saale).

Doch vielleicht bescheidet man sich dahin, dafs seitens der Juristen ganz auf solche Erwägungen, wie die hier angestellten, verzichtet werde? Und ist damit einverstanden, wenn unsere bei dem Studium des „positiven" Rechtes erfahrungsgemäfs nur zu leicht sich nahenden Fragen von Jenen weg nach der Thüre des „Philosophen" gewiesen werden? Liegen doch, nach einer neueren Kundgebung,[42] derartige Fragen, welche über die nach den thatsächlichen Funktionen hinausgehen, der Rechtswissenschaft ebenso fern, „wie der Geographie die Frage, ob es einen vernünftigen Sinn habe, dafs die Quellen des Rheines in den Alpen liegen". — Nun soll hier gar nicht nochmals betont werden, wie dabei doch allzu einfach die Betrachtung vorhandener Naturerscheinungen mit der von menschlichem Wollen zusammengeworfen ist; nur das wäre zu fragen: ob eine solche Unzuständigkeitserklärung des Juristen anzurathen wäre.

Nun könnte es leicht anscheinen, als wenn Alles auf eine geistige Bedürfnifsfrage hinausliefe. Dem, der da pflügt — so würden Jene sagen — und wacker sein Feld bestellt, dem kann es ganz gleichgültig sein, ob die Erde sich um die Sonne drehe, und wie der Lauf der Gestirne: wenn nur Regen und Sonnenschein und günstige Witterung ist, auf dafs seine Saaten reifen; dem nur geschichtlichen Juristen darf es gleichgültig bleiben, zu fragen, ob in dem Wechsel der Erscheinungen ein fester Zielpunkt und sicheres Richtmafs für alles Recht bestehe, ob ein Gesetz der Rechtsentstehung sei, das alle Neubildungen in sich begreift und zu erklären vermag, — wenn nur die Einzelerscheinung seiner Erkenntnifs sich willig erweist. Wenn das die Meinung wäre, dann freilich würden wir nur bei einer etwas eigenthümlichen Verwerthung des Aristotelischen Wortes angelangt sein: „πάντα δὲ τὰ τοιαῦτα τὴν μὲν θεωρίαν ἐλεύθερον ἔχει, τὴν δ'ἐμπειρίαν ἀναγκαίαν".[43] Doch es will schwer fallen, zu glauben, dafs jenes in der That der Auffassung beachtenswerther Männer entsprechen könnte.

Gesetzt aber, es wäre wirklich Jemandem mit einem dahin gehenden Rathschlage an die Rechtswissenschaft, ausschliefslich

---

42) Merkel, a. a. O. (N. 14 — philos. Monatsh.) S. 82.
43) Aristoteles, politic. I. 4 n. 1 (ed. Stahr 1839).

das Arbeitsfeld der geschichtlichen Rechte zu bebauen und
von der Philosophie, von der noch ein Puchta sagte, dafs sie
„die Erste aller Wissenschaften" sei, sich fern zu halten, völlig
Ernst: so würde es sich fragen, ob eine derartige Anspruchs-
losigkeit als Maxime tauglich sei, ohne zugleich in der Sache
Schaden anzurichten; und da müfsten doch zweierlei Bedenken
dagegen aufgestellt werden — von wissenschaftlicher und von
praktischer Art. Von dem letzteren mögen hier einige Schlufs-
bemerkungen eine Stelle finden.

Denn jenes Erste hat zum Theil schon an einigen Orten
dieses Aufsatzes beiläufige Erwähnung gefunden: so in der Auf-
weisung einer oftmals unberechtigten naturrechtlichen Betrachtungsweise in der juristischen Doktrin und der Rechtsprechung,
aus der thatsächlichen Vernachlässigung und mangelnden Klarlegung des berechtigten Kernes jener Fragestellung sich erklärend;
so nicht minder in der Darlegung, dafs durch die Beschränkung
auf die geschichtliche Rechtswissenschaft den Juristen der Einflufs
auf die Theorie und die Praxis des politischen Lebens, wie auf
die Rechtsphilosophie im Allgemeinen erheblich und — wie ich
meine — sehr zum Schaden jener Gebiete abhanden gekommen sei.

Soweit aber hierüber hinaus von den genannten Bedenken
ersterer Art gehandelt werden könnte, kämen wir von der geschichtlichen Rechtstheorie im Besonderen gänzlich ab; und würden
alsbald in nichts weniger darinnen sein, wie in der Betrachtung
von Ziel und Aufgabe der Rechts- und Staatswissenschaften; wobei
im Allgemeinen erwogen werden müfste, wie bei diesen — in
Abhängigkeit von den oben erörterten Fragen — die Scheidung
von Theorie und Technik vorzunehmen, und was nun in klarem
Bewufstsein einem jeden zu überweisen wäre. Dagegen hält uns
das praktische Bedenken, das oben in Aussicht gestellt wurde,
unmittelbar an der Auseinandersetzung mit der geschichtlichen
Rechtstheorie fest, und gehört somit recht eigentlich hierher.

Denn die geschichtliche Rechtswissenschaft herrscht, wie wir
sahen, seit Jahrzehnten in den Kreisen unserer gelehrten Juristen.
Nach so langem Zeitraume darf man wohl einmal fragen: Was
hat sie denn aus diesem ihr unterthänigen Stande gemacht? Wie
befindet sich derselbe unter dieser Regierung?

Es ist nicht schwer, die Antwort darauf zu erhalten; mit seltener Einstimmigkeit wird sie ertheilt. Wenn wir in der genannten Absicht den Blick auf unsere Umgebung richten und auf die Meinungsäußerungen über die dermalige Lage hören: Eines ist der Signatur dieser Zustände ganz zu eigen, — Klagen, nichts als Klagen! Bedauern über Zwiespalt und Zerwürfnisse innerhalb der mannigfachen juristischen Berufsklassen, zwischen Doktrin und Praxis, unter den Verfechtern verschiedener rechtsgelehrter Richtungen; Beschwerden über den Zustand von Rechtsunterricht und Rechtsstudium; Klagen auch, daß wir Juristen in der Werthschätzung breiter Kreise hintan stehen, nicht volksthümlich bei den Massen und nicht in vollem Ansehen bei den Gebildeten seien.

Ich kann diese Klagen, zu deren Vertreter sich letzthin noch Bekker gemacht hat, nicht ganz für unberechtigt halten; und glaube auch, daß man diese Übelstände um so schwerer fühlen muß, als mit dem unvergleichlichen Aufblühen des staatlichen und politischen Lebens, wie des privaten Handels und Verkehres man für die Vertreter der Wissenschaft von Recht und Staat wohl etwas anderes in der sogenannten öffentlichen Meinung hätte erwarten können. Wenn aber Bekker meint, daß dieses daher komme, weil man noch nicht genug mit naturrechtlichen Betrachtungen gebrochen habe, wenn er eine Besserung jener Zustände davon erhofft, daß man sich immer mehr auf die Grundgedanken der geschichtlichen Schule beschränke, — so ist zu befürchten, daß er darin sich irrt.

Es ist entschieden unrichtig, daß juristische Laien naturrechtlichen Betrachtungen abgeneigt wären und bei der Erwägung von Rechtsfragen nur geschichtliches Recht verlangten; jede Erörterung, die man über rechtliche Dinge mit einem gebildeten Manne nicht juristischen Berufes pflegen mag, kann vom Gegentheile überzeugen. Stets auf das Neue wird man dabei erfahren, daß ein solcher weit weniger von dem thatsächlich bestehenden Rechte auszugehen Neigung hat, als vielmehr unwillkürlich von dem spricht, was sein sollte; und daß er nicht sowohl Befriedigung in dem Nachweise findet, daß eine Entscheidung mit der daseienden Rechtsordnung im Einklange stehe, sondern den Wunsch hegt, das also als bestehend Aufgewiesene auch begründet zu sehen. Nicht geneigt in der Regel, die Darlegung der Einzelsätze

unserer Rechtsordnung abzuwarten, gehen seine Schlüsse nur zu
gewöhnlich in allgemeiner Folgerung aus feststehend gedachten
Begriffen vor; wogegen bei dem Berichte von dem „positiven"
Rechte gar leicht sein Kopfschütteln sich einstellt, wohl auch ein
dem entsprechendes Prädikat für die angehörte rechtliche Satzung.
Die Betrachtungen des Laien über Recht und Staat sind durchgängig und ganz wesentlich naturrechtlichen Charakters.

Und nun stofsen seine Bedenken auf Erwiderungen des
Anderen, welche ihm, nach dem Prinzipe der geschichtlichen
Rechtswissenschaft, ausschliefslich das historisch vorliegende
und empirisch zu durchforschende Recht geben, und seinen Ge-
dankengang, ausdrücklich oder stillschweigend, ablehnen. Dem
Laien aber ist nicht sowohl unbegreiflich, dafs in der Erzählung
des geschichtlichen Juristen vielleicht allgemeine Gesichtspunkte,
über die besonderen daseienden Rechte hinaus, auftauchen, als
vielmehr schwer verständlich, wenn auf seine, gerade dahin gehenden Betrachtungen nicht in ihrer Art sei es Zustimmung oder
Berichtigung oder Widerlegung erfolgen, sondern dieselben mit dem
lediglichen Hinweise auf geschichtliches, thatsächliches Recht einfach bei Seite geschoben und für den Juristen als nicht bestehend
erklärt werden. So kann es freilich nun vorkommen, dafs sich
ihm der falsche Glaube bildet — wer hätte nicht schon solches
besonders von Vertretern der Naturwissenschaft erfahren —, als
laufe der Jurist nur hinter den Gesetzen her, bemitleidenswerth,
da stets der feste Stoff ihm mangele, verhältnifsmäfsig froh erst,
wenn ein Recht so geschichtlich geworden sei, dafs es, nun der
weiteren Abänderung entzogen, zu gleicher Zeit noch den kleinen
Vortheil biete, mit einiger Gelehrsamkeit erst gehoben werden
zu müssen.

Wie will man solchen trüglichen Vorstellungen mit einer
immer ausschliefslicheren Zurückziehung auf das geschichtliche Recht begegnen? — Dafs scharf geschieden werden
mufs, steht freilich aufser Zweifel: es soll vor Allem die naturrechtliche Frage getrennt werden von demjenigen, worin die
Rechtswissenschaft als Technik des sozialen Lebens ihren Beruf
findet; und man kann in der sicheren Zertheilung beider Seiten
gar nicht weit genug gehen und einer Vermengung dieser zwei
Aufgaben gar nicht zu sorgsam vorbeugen. Aber mit der blofsen

Abtrennung der naturrechtlichen Frage ist es nicht genug: es sollte auch positiv ihr eine Antwort werden.

Wer die Wissenschaft vom Rechte und Staate zu seinem Lebensberufe erwählt hat —, wie darf er so besonderes Ansehen fordern, wenn er Das, was er durchforschend bearbeitet, nicht vor dem Zweifel sicher zu stellen vermag, während er das Recht seines Rechtes nicht formal, noch auch dem Inhalte nach klar und deutlich erweisen kann! Wie gar, wenn er in Zeiten schärfster Bedenken gegen die überkommene Rechtsordnung, in Tagen äufserster Anfeindung des bestehenden Rechtes, Denen, welche nach ihm, der Recht und Staat wissenschaftlich zu pflegen unternommen, ausschauen, — statt des von ihnen geforderten festen Haltes vernunftgemäfser Erwägung, nur verhärtetes Material der Geschichte zu bieten im Stande ist! Und das Gleiche trifft selbstredend zu, falls es um Erörterung von Entwürfen neuer Gesetze sich handelt. Dann möchte man doch gerne Einflufs in der Kritisirung haben und überzeugend Güte oder Verwerflichkeit eines Vorschlages darthun; so wird sich jetzt noch nach einem Richtmafse und Werthmesser für das Vorgeschlagene umgesehen. Was wird hier nicht Alles zu Mafsstäben herangezogen: „Gerechtigkeit" und „Billigkeit", besonders gerne die „ausgleichende", die „innere" und die „natürliche"; „Zweckmäfsigkeit" und „Idee des Guten", auch „Rechtsidee", und dann wieder „Rechts-Gefühl, -Bewufstsein, -Gedanken"; „Interesse der Gemeinschaft" und „Staatszweck"; „christliche Anschauung" und „Befriedigung möglichst Vieler"; und dazu, aufser gar manchen gleichartigen, noch Mischungen und Kreuzungen!"[44] Wie glaubt man mit diesen undisziplinirten Schaaren (und wie viele Falstaff'sche Rekruten sind nicht darunter) der wahrlich nicht unverächtlichen Gegner Herr zu werden; und wie vermeint man, bei solcher Heeresschau den Beifall des Umstandes zu erringen!   ·

Wenn wir daher auf die vorhin erwähnten Klagen hier eingegangen sind, so ist es gar nicht möglich, dieselben abzuweisen,

---

44) Eine schöne Leistung (bei Besprechung des ehelichen Güterrechtes unseres Entwurfes) z. B.: „dem Volksgemüthe mufs etwas geboten werden, was der inneren Gerechtigkeit entspricht" (National-Zeitung v. 30. September 1888).

wie es dem Kriton mit seinen Bedenken geschah: daſs nicht
auf das Urtheil der Menge, sondern der Kenner des Rechtes es
hier ankommen könne. Denn das gerade muſs offen zugestanden
werden: wenn der verständige Laie bald es empfindet, daſs der
Jurist in der Frage nach dem prinzipiellen Maſse und dem Prüf-
steine für bestehendes und geplantes Recht oft nicht sicher ist —
so hat er hiermit heutzutage gemeiniglich nicht Unrecht. Und
nur darum nannten wir dieses ein Bedenken praktischer Art,
weil die aus jener Empfindung flieſsende beklagte Schätzung den
juristischen Bemühungen und Arbeiten, die ganz unmittelbar mit
dem sozialen Leben in Berührung stehen müssen, unmöglich
förderlich sein kann.

Nach alle dem wird hier Nichts helfen, wie Aufgebung der
Meinung: daſs mit der Methode der geschichtlichen Rechtstheorie eine genügende philosophische Grundlage für die Rechtswissenschaft überall erreicht werden könnte.   Dann aber muſs
versucht werden, eine bessere und mehr zufrieden stellende Auflösung der hier in Rede stehenden Probleme dadurch zu schaffen,
daſs man die Fragestellung und Methode der kritischen Philosophie zum musterhaften Vorbilde nimmt und hiernach vor
Allem prüft: wie es mit nothwendiger und allgemeingültiger Er-
kenntniſs in Dingen des Rechtes überall beschaffen sei?

Freilich ist es nicht meine Meinung, daſs wir „sehr viel
weiter kämen, wenn wir zunächst einmal wieder in zwei groſse
Gruppen (Schulen) uns schieden;"[45] ich würde gar nicht einen
solchen Gegensatz und eine halb feindliche Abtheilung wünschen,
nach der wir in zwei Sekten, dem Knabenspiele der „Räuber und
Soldaten" gleich, in vorbestimmten Rollen gegen einander fechtend
aufzutreten hätten. Nicht im Gegensatze und Kampfe soll theoretische und empirische Erforschung und Erwägung unter uns
Juristen stehen; und nicht, um auf den Kriegsrath zu schelten, wurde
hier auf eine Lücke in unserer Schlachtordnung aufmerksam gemacht: sondern in dem Wunsche und der Hoffnung, daſs wir
unsere Reihen fester schlieſsen und einmüthig kämpfen mögen in
gemeinsamem Treffen; wennschon dabei ein Jeglicher seinen besonderen Posten zu halten, seine eigenen Aufgaben zu erfüllen hat.

---

45) Bekker, a. a. O. (N. 26) S. 22 N. 54, mit Bezug auf seinen Gegensatz der „Lehre vom absoluten Rechte" und der „Opposition dawider".

Zu dem Streben nach solcher Ergänzung unserer wissenschaftlichen Bemühung mag aber der heutige Tag wohl auffordern. Einen Altmeister der Pandektenwissenschaft feiern wir, der als solcher neidlos anerkannt in allen Landen unseres Lobes nicht bedarf, und dessen Verdienste zu wägen uns schlecht anstehen würde; von dem aber doch die feststehende Thatsache in Erinnerung gerufen werden darf: dafs er ein Werk, in seiner Art hervorragend über alle Andere, so aufgeführt und ausgebaut hat, dafs schwerlich Jemand auftreten und sagen möchte, wie der da unternommenen Aufgabe im Besseren genügt werden könnte, oder was dort noch gar so Viel zu thun übrig wäre. Und dann steht dazu im Gegensatze der Zustand derjenigen Untersuchungen über das Recht, von denen hier berichtet wurde; solcher Fragen, welchen unser Jubilar seine Kraft im Interesse des von ihm besonders erkorenen und gewaltig durchgeführten Werkes nicht so zuwenden konnte. Der Erfolg auf der Seite, wo Windscheid's Arbeit eingriff, er sticht grell ab von der geringen Förderung der hier in das Auge gefafsten Aufgaben, denen seine Mühewaltung versagt blieb.

Doch ein Beispiel liegt nun vor, welches diejenigen, denen die letztgedachten Probleme am Herzen liegen, zur Nacheiferung für diese wohl reizen kann. Auf dafs in sicherer Grundlegung für unsere Wissenschaft auch Würde und Werth dessen, worum man sich müht, fester und klarer hervortrete. Eine ernste und nicht kleine Arbeit soll es, eine zielbewufste mufs es sein. In diesem Sinne weifs ich mich Eins mit dem Manne, dessen akademischen Ehrentag wir dankerfüllten Herzens heute begehen; mit ihm, der mein Lehrer war und ist.

II

ERÖRTERUNGEN

ZUR

GESCHICHTE DES RÖMISCHEN CIVILPROCESSES

UND DES

INTERDICTUM QUORUM BONORUM

VON

THEODOR KIPP

—————

I.

Ein Erbschaftsstreit

aus dem Jahre 384 n. Chr.

Die Relationen des Symmachus. — Der Rechtsfall. — Die Appellation gegen Interlocute. — Das interdictum quorum bonorum und die hereditatis petitio.

Q. Aurelius Symmachus,[1] derselbe, der als Redner von seinen Zeitgenossen hochgefeiert wurde und als Vertheidiger des untergehenden Heidenthumes mit dem heiligen Ambrosius in heftige Fehde gerieth,[2] der Verfasser jener elegant stilisirten Privatbriefe, die trotz ihres magern Inhalts für die Kenntnifs römischen Lebens im vierten Jahrhundert nach Chr. immerhin noch bedeutend genug sind, hat aus der Zeit seiner Amtsführung als Stadtpräfekt von Rom — Frühjahr 384 bis Herbst 385[3] — eine Anzahl von amtlichen Berichten an den Kaiser Valentinian II. und theilweise

---

1) Über ihn vgl. Seeck, Q. Aurelii Symmachi quae supersunt (monum. Germ. hist. auctor. antiquissim. t. VI p. I Berol. 1883) p. XXXIX sqq. Teuffel, Geschichte der römischen Litteratur (4. Aufl. von Schwabe Leipzig 1882) § 425. 2) Vgl. Seeck l. c. p. LIII sqq.; Symm. rol. 3. 3) So hat jetzt Seeck l. c. p. LIV sqq. CCIX sq. die Amtsdauer des Symmachus bestimmt. Früher schwankten die Angaben in dem Spielraum der Jahre 383 bis 386. Vgl. Gothofredus, Symmachi vita p. 4 in der Ausgabe der Briefe von Pareus (Neap. Nom. 1617), C. Th. t. VI, 2 p. 87 (ed. Ritter Lips. 1736 sqq.). Tillemont, histoire des empereurs, Théodose I art. XXIII (ed. Venise 1732 t. V p. 243 suiv.), Corsinus, series praefectorum urbis (Pisis 1763) p. 281 sq., Morin, étude sur la vio et les écrits de Symmaque (Paris 1847) p. 42 suiv., Meyer, Symmachi relationes (Lips. 1872) praef. p. I, Teuffel a. a. O. Anm. 2.

5 *

an Theodosius den Grofsen und Arcadius hinterlassen,[4] welche
eine reichhaltige, zwar altbekannte, aber keineswegs ausgeschöpfte
Quelle rechtsgeschichtlicher Erkenntnifs bilden.[5]

Ein Seitenstück zu den Berichten des Plinius an Trajan, eröffnen
sie einen klaren und tiefen Einblick in die vielseitige Thätigkeit
des Stadtpräfekten. Sie zeigen ihn als Leiter des Senats, Ver-

4) Diejenigen, welche regelmäfsige Verwaltungs- und Justizsachen betroffen, sind sämmtlich an den regierenden Kaiser des Westens, Valentinian II.,
ergangen, trotzdem sie sich formell an alle Kaiser wenden. Vgl. hierüber
Tillomont l. c. note XXI sur Théodose I (t. V p. 737 suiv.). Meyer l. c.
p. 65 sqq. Jene Form ist das selbstverständliche Correlat der Sitte, alle Constitutionen namens der sämmtlichen gleichzeitig regierenden Kaiser zu erlassen.
Vgl. Mommsen, Hermes B. 17 (1882) S. 523 ff.

5) Ältere Ausgaben behandeln sie als zehntes Buch der Briefsammlung,
Meyer (Anm. 3) und Seeck l. c. p. 279 sqq. als selbstständig veröffentlichte
Sammlung, der erstere allerdings nicht ohne Zweifel (praef. p. I). Nach dem
Zustande der handschriftlichen Überlieferung scheint dies durchaus berechtigt
zu sein, vgl. Seeck p. XVI sqq. dem auch darin beizutreten ist, dafs die
Relationen aus den Concepten des Symmachus (nicht aus den Ausfertigungen)
herausgegeben sein müssen. Wenn aber Seeck annimmt, dafs sie Symmachus
selbst zuerst veröffentlicht und nachmals sein Sohn, der die Briefe herausgab
(Seeck p. XXII sqq.), sie mit diesen verbunden hat, so will damit der Zustand,
in dem wir die Relationen besitzen, sich nicht reimen. Sie sind ebenso ord-
nungslos wie die späteren Partieen der Briefsammlung (Seeck p. XXV sq.),
und es finden sich in den Kaiseranreden und -Bezeichnungen nicht blofs
Formlosigkeiten, sondern auch grobe Irrthümer (Seeck p. XVII, p. 279[7]), an
denen die Abschreiber, wenn überhaupt, so jedenfalls nur theilweise die
Schuld tragen. Zweifellos würde Symmachus, wenn er selbst diese mit viel
selbstgefälliger Eleganz abgefafsten Producte veröffentlicht hätte, sie auch in
diesen Dingen sorgfältiger behandelt haben. Wahrscheinlich sind sie also, wie
die Briefe, erst von seinem Sohne herausgegeben, und dafs dieser sie mit der
Briefsammlung verbunden habe, wird nicht bewiesen durch die von Seeck
p. XVII mitgetheilte Thatsache, dafs eine Relation in ein Florilegium aus der
Briefsammlung übergegangen ist. Die Verbindung kann in späteren Abschriften
erfolgt sein, auch können dem Excerptor beide Werke selbstständig vorgelegen
haben. Von den Ausgaben ist neben der von Seeck nur die von Meyer
noch brauchbar; die älteren sind kritisch ungenügend, vermischen auch theilweise mit den Relationen des Q. Symmachus einige Relationen (nebst den
darauf ergangenen Antworten und sonstigen Aktenstücken), welche von Aurelius Anicius Symmachus, pf. urbi a. 419—420 herrühren, wahrscheinlich
einem Neffen des erstgenannten (Seeck p. LIII). Bei Pareus (Anm. 3) sind
dies die Stücke X, 71—83. Citirt wird hier nach Seeck, mit dem übrigens
die Zählung von Meyer übereinstimmt.

mittler zwischen diesem und dem Kaiser, als Organ der Wünsche
und Beschwerden des Senats; der hauptstädtischen Bevölkerung
oder einzelner Kreise derselben dem Kaiser gegenüber, namentlich
in Sachen der Verproviantirung der Hauptstadt, der Steuern, des
öffentlichen Unterrichts, als Aufsichtsbeamten in Bezug auf öffentliche Rechnungen und Bauten, als Vorgesetzten des Ärzte-Colle-
giums, der Geldwechsler u. s. w., als Civil- und Strafrichter.

Freilich lassen sie auch erkennen, wie sehr im ganzen genommen selbst einer der höchsten Reichsbeamten jener Zeit, allerdings
weniger nach Recht als nach ängstlich beobachteter Sitte, in der
eigenen Entscheidung beschränkt ist, wie oft er namentlich Rechts-
sachen, die durchaus nicht immer besonders verwickelt sind, unter
bescheidentlicher Andeutung seiner Ansicht zu allerhöchstem Befinden abgiebt.⁶ Sie zeugen von der bedenklich wankenden Autorität
der Staatsbehörden, deren Akten in der Stadt Rom selbst und im
nächsten Umkreise wiederholt mit offener Gewaltthat Hohn gesprochen wird.⁷ Theilweise mögen diese Erscheinungen auf die
Persönlichkeit des Symmachus zurückzuführen sein, der einsichtig
und wohlwollend, aber schwächlich auftritt, im ganzen jedoch
müssen sie als Belege für die allgemeinen Zustände aufgefafst
werden, insbesondere als Symptome einer siechen Justiz, deren
traurige Verfassung sich auch unfreiwillig in den Privatbriefen
des Symmachus enthüllt, in denen er, unbestritten einer der Ed-
leren seiner Zeit, nicht das geringste Bedenken trägt, Rechts-
angelegenheiten in zierlichen Empfehlungsschreiben dem Richter
als Freundschaftssache ans Herz zu legen. Die häufige Wieder-
holung dieses Verfahrens zeigt, dafs es nicht ohne Erfolge gewesen
sein kann.⁸

6) Wir besitzen zwar nur 49 Relationen, deren Gegenstände aber mit
Sicherheit schliefsen lassen, dafs in anderthalbjähriger Verwaltung über vieles
Ähnliche gleichermafsen berichtet sein mufs. Diese Erscheinung findet ihre
Erklärung darin, dafs damals so wenig wie heute ein hoher Beamter alle von
ihm ausgehenden Schriftstücke selbst verfafste, während in den rell. begreif-
licher Weise nur solche aus der eigenen Feder des Symmachus vorliegen,
zweifelhaft freilich auch, ob diese vollständig.

7) Rell. 23. 28.

8) Vgl. (nur beispielsweise) epp. I, 77. II, 10. 14. 66. 75. 87. 91. Dafs
die empfohlene Sache regelmäfsig auch als gerecht gepriesen wird, ändert
natürlich nichts.

Allein durch solche Beobachtungen wird durchaus nicht das
hohe rechtsgeschichtliche Interesse gemindert, welches Procefsakten
und zeitgenössischen Berichten über praktische Rechtsfälle stets
innewohnt. Lebendig und gleichsam gegenwärtig sieht man in
ihnen das Recht in seiner Bethätigung vor sich, und Procefsver-
fahren wie materielles Recht empfangen eine helle Beleuchtung,
die doppelt willkommen sein mufs in Bezug auf eine Zeit, aus
welcher litterarische Arbeiten selbstständig thätiger Rechtswissenschaft so gut wie gar nicht vorhanden sind.

In diesem Aufsatz soll nun eine[9] unter den Relationen des
Symmachus (16) besprochen werden, welche nach mehreren Seiten
ein besonderes Interesse in Anspruch nimmt. Sie ist die einzige
unter den civilprocessualen, zu welcher wir, wenigstens stückweise,
das auf sie ergangene kaiserliche Rescript besitzen,[10] und ihr Inhalt ist bemerkenswerth für das Verhältnifs von interdictum quorum bonorum und hereditatis petitio zu einander, sowie für manche
Fragen des Civilprocesses, insbesondere für die Appellation gegen
Interlocute und die Procefseinleitung durch Litisdenuntiation.
Die Relation lautet:

Profiteor ultro, quod scio clementiam vestram posse rescribere:
verecunde potius quam iure suscepi provocationem non extante
sententia, ne existimarer offensus liberae quidem sed inmaturae
vocis obiectu, ddd. imppp. nam cum inter proximos Euphasii
c(larissimae) m(emoriae) viri itemque heredes scriptos, qui olim
beneficio praetoris corporibus defruuntur, super testamenti iure
actio verteretur et sententiam de possessione inpatienter exigerent,

---

9) Über zwei andere (32. 39) vgl. Baron, der Denuntiationsprocefs
(Berlin 1887) S. 166 ff. und meine Litisdenuntiation (Leipzig 1887) S. 260 ff.
290 ff. Zwei weitere (19. 28) exponirte Bethmann-Hollweg, der römische
Civilprocefs (Bonn 1864—66) B. 3, S. 353 ff., eine (33) Muther, Soquestration
und Arrest (Leipzig 1856) S. 287 ff.

10) Es ist überhaupt eine grofse Seltenheit, dafs sich zu einer Constitution des C. Th. oder C. J. das Anschreiben ermitteln läfst, auf welches sie
antwortet. Bei Symmachus kommt ein zweiter Fall vor, bei welchem man
aber zwischen verschiedenen Relationen schwanken kann. L. 9 C. Th. de off.
praef. urbi 1, 6 = c. 2 (3) C. J. de crim. sacril. 9, 29 a. 384 hält Gothofredus C. Th. t. I, p. 116 für die Antwort auf rel. 27, (vielleicht aber auch rel. 23
oder rel. 17), Seeck l. c. p. LVI für diejenige auf rel. 21. Die Sache ist nicht
zweifellos; am ehesten pafst aber der Inhalt der c. doch wohl auf rel. 27.

quibus ab intestato bonorum possessio minime conpetebat, quia
heredibus scriptis secundum tabulas docebatur indulta, Priscianus
et Polemonianus ad denuntiationem dilato negotio provocarunt,
et cum ab iis ratio quaereretur, alios vocis suae incentores fuisse
testati sunt, ut gesta litteris conexa monstrabunt. nec officium
partibus defuit ad multam praeiudicii suggerendam, sed iudicem
vestri sacculi decuit vim constitutionis[11] sacro oraculo reservare,
cum allegaverint petitores, quod se ad incautam provocationem
alienus hortatus inpulerit.

Die erhaltenen Stücke des auf diesen Bericht ergangenen
kaiserlichen Rescripts vom 29. November 384[12] sind folgende:

C. 4 C. Th. de sent. ex peric. recit. 4, 17: Sententia non
valeat, quae ex libello data non fuerit.

C. 44 C. Th. de appellatt. 11, 30: Post alia: Obiecta appellatione, etiamsi a praeiudicio interposita dicatur, vel ad nos vel
ad cognitorem sacri auditorii sollemniter causa mittatur, cum, si
ea provocatio adversum leges fuerit emissa, facile post iudicium
sacri examinis ab huiusmodi litigatoribus mulcta possit exsculpi.

Dafür, dafs diese Constitutionen dem Rescript auf die obige
Relation zugehören, giebt es freilich keinen andern als den ausreichenden Wahrscheinlichkeitsgrund, dafs die zweite inhaltlich zu
dieser und keiner andern unter den erhaltenen Relationen vortrefflich pafst, und die erste dem Datum nach mit der zweiten zusammengehört.[13]

Thatbestand und Procefsgeschichte folgen hier in der Auffassung, welche als die richtige, wie wir hoffen, demnächst erwiesen werden kann.

---

11) Seeck h. l. schlägt vor: vim constitutionis exserendam oder vindic-
tam constitutionis, offenbar in der Meinung, dafs dem Kaiser überlassen werden solle, die Appellanten den Ernst der das Appellationsverbot enthaltenden
Constitution fühlen zu lassen. Es kann aber füglich gemeint sein, dafs dem
Kaiser die jetzt zu treffende Entscheidung vorbehalten werden solle.

12) Die Inscriptionen weisen entgegen den Subscriptionen beide Constitutionen den Kaisern Gratian, Valentinian und Theodosius zu, während Gratian, nach dem Datum der Subscriptionen, zur Zeit des Erlasses bereits tot
war. Die Subscriptionen verdienen den Vorzug. Vgl. Haenel hh. ll.

13) Die Beziehung beider Stücke auf rel. 16 erkannte schon Gothofredus C. Th. t. I. p. 437; t. IV, p. 274. Vgl. auch Seeck p. CCX; Krüger,
Geschichte der Quellen und Litteratur des römischen Rechts (Leipzig 1888) S. 375.

Euphasius, ein Mann senatorischen Standes,[14] ist mit Hinter-
lassung eines Testamentes gestorben. Aus diesem haben die eingesetzten Erben (heredes scripti) die bonorum possessio secundum
tabulas agnoscirt und befinden sich auf Grund derselben[15] seit
langer Zeit (olim) im Besitze der körperlichen Nachlafssachen,[16]
d. h. sie haben die b. p. durch Besitzergreifung realisirt. Die
nicht eingesetzten Seitenverwandten, welche, falls nicht das Testament im Wege stände, zur b. p. unde proximi cognati legitimirt
sein würden (proximi[17]), fechten als Kläger das Testament aus
unbekannten Gründen mit der hereditatis petitio an — super testamenti iure actio verteretur — versuchen aber zunächst, mittels
des interdictum quorum bonorum, welches damals als einfache
provisorische Einweisung in den Besitz, ohne definitive Entscheidung der Erbrechtsfrage, behandelt wurde und mit der h. p. verbunden werden konnte, in den Besitz der Nachlafssachen zu ge-

---

14) Clarissimae memoriae vir. Bekanntlich ist clarissimus die regel-
mäfsige Titulatur der Personen senatorischen Standes. F. 100 de V. S. 50, 16
(Ulp.), f. 22 § 1 ad munic. 50, 1 (Paull.), c. 10 C. J. de nupt. 5, 4 (Diocl.
et Max.) c. 23 C. Th. de appell. 11, 30 (a. 345). Böcking, notitia dignitatum
(Bonn. 1839—53), t. II. p. 176; Karlowa, Römische Rechtsgeschichte B. 1
(Leipzig 1885), S. 888 ff.

15) Beneficio praetoris; vgl. c. 1 C. Th. de legit. hered. 5, 1 (a. 321):
praetoris beneficium; c. 1 C. J. quando non petentium partes 6, 10 (a. 244):
beneficium edicti perpetui, c. 20 i. f. C. Th. de episc. 16, 2 (a. 370): ad . . suc-
cessionem vel bona . . . edicti beneficiis adiuvantur, c. 8 pr. C. Th. de matern.
bon. 8, 18 (a. 407): filius edicti beneficium petat. Vgl. auch c. 9 C. Th. de
infirm. his quae sub tyr. 15, 14 (a. 395): interdicti beneficium.

16) Corporibus defruuntur; corpora, sonst in dieser Periode vom Vermögen im allgemeinen gesagt (c. 11 C. Th. de bon. proscr. 9, 42 [a. 393], nov.
Theod. XXII, 2 § 1 [a. 443]) hat, weil hier vom Besitz die Rede ist, zweifellos Beziehung auf die körperlichen Nachlafssachen. Vgl. rel. 19 § 8: possessione corporum defruitur. De-frui ist bedeutungsloser, dem Symmachus
eigenthümlicher Schnörkel. Vgl. E. Th. Schulze, de Q. Aur. Symmachi voca-
bulorum formationibus ad sermonem vulgarem pertinentibus. Dissertationes
philol. Hal. VI, 1 (Halis, Niemeyer 1885) p. 208.

17) Proximi in diesem Sinne technisch: c. 8 C. J. qui admitti 6, 9 (a. 324
vel 326), vgl. c. 27 pr. C. Th. de op. 16, 2 (a. 390). Proximos . . . . itemque
heredes scriptos kann nicht heifsen: die nächsten Verwandten, welche zugleich
eingesetzte Erben waren, sondern nur: die nächsten Verwandten (einerseits)
und die eingesetzten Erben (andererseits); denn dies sind die beiden streiten-
den Parteien.

langen: sententiam de possessione .... exigerent. Allein dieser
Antrag stellt sich als unbegründet heraus. Es ist entweder bereits
bewiesen, dafs die Beklagten die b. p. s. t. wirksam agnoscirt
haben, d. h. dafs die edictsmäfsigen Voraussetzungen derselben
vorliegen, und deswegen die Kläger die nachstehende b. p. ab intestato gar nicht haben können; oder was wahrscheinlicher ist, es
ist nur bewiesen, dafs die Beklagten die b. p. s. t. agnoscirt
haben, und dafs deswegen den Klägern ein Anspruch auf den
(vorläufigen) Besitz der Erbschaftssachen nicht zusteht (bonorum
possessio minime conpetebat in diesem Sinne). Denn die heredes
scripti, welche b. p. s. t. agnoscirt haben, müssen im Interdicts-
streit um den vorläufigen Besitz denjenigen, welche das Testament anfechten, ebenso vorgehen, wie die im schriftlichen Testament Eingesetzten ja selbst als Kläger mittels der missio ex edict.
divi Hadriani den vorläufigen Besitz erstreiten können. In keinem
Falle — auch in dem ersten nicht — kann bereits definitiv über
das Erbrecht erkannt werden; denn das Verhandlungsergebnifs
kann nur für das Interdict, nicht für die Entscheidung über die
h. p. verwerthet werden, weil die letztere — anders als das Interdict — erst nach vorgängiger Litisdenuntiation und Abwartung
der viermonatigen Frist derselben verhandelt werden kann. Die
Litisdenuntiation aber ist offenbar noch nicht vorgenommen; deshalb erläfst Symmachus das Interlocut, dafs das weitere Verfahren
bis nach Vornahme der Litisdenuntiation — und Abwartung ihrer
Frist — ausgesetzt werde: ad denuntiationem dilato negotio. Der
Antrag auf die Einweisung in den Besitz ist damit implicite ab-
gelehnt. Gegen dieses Interlocut legen Priscianus und Polemonianus, die Kläger (oder zwei von den Klägern), sofort mündlich[18]
die Appellation ein. Nach den Gründen derselben befragt, wissen
sie nichts anzugeben, als dafs andere ihnen dazu gerathen hätten.
Die Appellation ist unzulässig, weil das angefochtene Decret ein
Interlocut, kein Endurtheil ist: sententia non extante. Sie dürfte
deshalb nach den damals bestehenden Vorschriften eigentlich nicht
angenommen werden, und die in der Sitzung assistirenden Büreau-
beamten (officium) thun auch, was ihres Amts, indem sie den

---

18) Vocis obiectu, vocis incentores. Vgl. f. 5 §4 de app. 49, 1 (Mar-
cianus), c. 7 C. Th. de app. 11, 30 (a. 317), c. 40 eod. (a. 383).

Präfekten auf die Unzulässigkeit und Strafbarkeit der Appollation
von Interlocuten (praeiudicia) aufmerksam machen: nec officium
partibus (scl. suis) defuit ad multam praeiudicii suggerendam.
Allein der Präfekt nimmt, obwohl er dies alles nicht verkennt,
aus Ehrfurcht gegen den Kaiser, ferner, um nicht in Verdacht zu
kommen, als fühle er sich durch die Appellation beleidigt, endlich
in Berücksichtigung des Umstandes, dafs die Appellanten das
Opfer fremder Einflüsterungen geworden sind, die Appellation an
und giebt sie mit dem vorliegenden Bericht unter Beifügung der
Akten — gesta litteris conexa — an den Kaiser ab.[19]

Für die weitere Erörterung eignet sich als Ausgangspunkt
am besten der Nachweis, dafs wir es mit einer Appellation gegen
ein Interlocut zu thun haben, womit im Zusammenhange sich am
einfachsten die kaiserliche Entscheidung erklären läfst. Der Beweis liegt zunächst in den Worten sententia non extante, sodann
in der Bezeichnung der Appellation als verfrüht (inmatura), endlich
in dem Hinweis auf die multa praeiudicii.

Sententia bezeichnet zwar die allerverschiedensten Decrete,[20]
vorzugsweise aber bekanntlich das Endurtheil.[21] Und wenn trotz
Vorliegens eines Decrets gesagt wird: sententia non extat, so

---

19) Das Verfahren ist das der sogenannten appellatio more consultationis.
Vgl. darüber Bethmann-Hollweg, Civilpr. B. 3, S. 332 ff.

20) Schon in classischer Zeit ist das Wort keineswegs auf das Endurtheil
beschränkt; z. B. steht es in f. 4 de tut. 26, 5 (Ulp.) für das Decret, durch
welches ein iudex bestellt wird, in f. 39 pr. de min. 4, 4 (Scaevola) für das
Zwischenurtheil, durch welches im Restitutionsprocefs die Minderjährigkeit festgestellt wird, in f. 1 pr. quando app. 49, 4 (Ulp.) für den Bescheid, es solle
an den Kaiser berichtet werden; aus späterer Zeit vgl. c. 25 § 1 sq. C. J. de
ep. 1, 3 (a. 456?): sententia = Ladungsdecret, c. 63 C. Th. de app. 11, 30
(a. 405): sententia = das Decret, durch welches arbitri bestellt werden, c. 18
C. J. de fido instr. 4, 21 (a. 529): sententia = Beweisinterlocut, c. 8 C. Th.
11, 30 (a. 319): relationem promittere per sententiam. c. 16 C. J. de sent. et
interl. 7, 45 (a. 530): in sententiis . . . interlocutionem proferri. Deshalb wird
auch häufig das Endurtheil durch den Zusatz sententia definitiva, iurgium
terminans ausgezeichnet; c. 3 C. J. tit. cit. 7, 45 (a. 223), c. 11 eod. (Diocl.
et Max.), c. 18 C. Th. quor. app. 11. 36 (a. 365), c. 2 § 1 C. J. de sent. ex per.
7, 44 (a. 371); c. 25 C. Th. 11, 30 (a. 355).

21) Rubr. D. de re iud. et de effectu sententiarum et de interlocutionibus,
f. 55 cod. (Ulp.). R. C. J. 7, 45 de sententiis et interlocutionibus.

ist vollkommen aufser Zweifel, dafs damit das Endurtheil gemeint,
das Decret also ein Interlocut ist.

Die Appellation gegen wichtigere Interlocute war in classischer
Zeit nicht allgemein verboten.[22] Seit Constantin dagegen findet
sich eine fortlaufende Folge von Constitutionen, welche die Appellation gegen Interlocute — praeiudicia oder articuli — mit wenigen
Ausnahmen[23] verbieten und zwar bald nach Einführung des Ver-
botes bei namhafter Strafe. Meistens wird gleichzeitig dieselbe
Verfügung mit Bezug auf die Bescheide in der Executionsinstanz
getroffen. Diese ganze im einzelnen vielfach schwankende Gesetzgebung zeigt die gänzliche Wirrnifs der damaligen Justiz in grel-
lem Lichte.

Nachdem Constantin im Jahre 313 (c. 1 C. Th. 11, 36 + c. 2
C. Th. 11, 30) die Appellation ab articulis praeiudiciisque, womit
pleonastisch die Interlocute bezeichnet sind, einfach verboten hatte,
fügte er zwei Jahre später (c. 2 tit. cit. 11, 36) die Androhung
einer Geldstrafe von 30 Folles, d. i. etwa 3425 ℳ,[24] gegen den
Appellanten hinzu; im Jahre 326 wurde diese Strafsatzung wiederholt (c. 3 cod.), Constantius und Constans setzten die Strafe bei

---

22) Bethmann-Hollweg, Civilpr. B. 2, S. 702; Merkel, Abhandlungen
II. 2 (Halle 1883), S. 116 f., von deren Belegen aber f. 20 do quaest. 48, 18
nicht hierher gehört; denn Paulus spricht dort nicht von Appellation gegen das
die Folterung anordnende Interlocut, sondern gegen das Endurtheil, wegen Be-
nutzung unzulässiger Beweismittel. — Zum Folgenden vgl. Zimmern, Geschichte
des römischen Privatrechts (Heidelb. 1826. 29) B. 3 § 173; Bethmann-Hollweg, Civilpr. B. 3, S. 326 f.; Wetzell, System des ordentlichen Civilprocesses
(3. Aufl. Leipzig 1878) S. 660 f.

23) Nämlich, wenn das Decret die Zuständigkeit des Richters betrifft,
den Fortgang der Sache ganz abschneidet, eine dilatio instrumentorum causa
verweigert, oder eine peremptorische exceptio verwirft. C. 18 C. Th. 11, 36
(a. 365), c. 23 cod. + c. 37 C. Th. 11, 30 (a. 378). Diese Ausnahmen kommen
sämmtlich für unsern Fall nicht in Betracht.

24) Vorausgesetzt, dafs Silberfolles gemeint sind, welche je 9 solidi zu
12,69 ℳ werth sind (Marquardt, Römische Staatsverwaltung B. 2 [2. Aufl.
von Dessau und von Domaszewski, Leipzig 1884] S. 46 f. 71). Dies mufs
aber gegen Marquardt a. a. O. S. 45¹. 46 angenommen werden, denn Denar-
folles = ¹/₁₂ solid., so dafs die Strafsumme 31,72 ℳ beträge, kann das Gesetz
nicht füglich meinen, weil gleich darauf die Strafe auf 30 Pfund Silber gesetzt
wird.

größeren Sachen auf 30 Pfund Silber (etwa 1965 *M*),[25] bei klei-
neren auf die Hälfte (c. 5 eod. a. 341); Valentinian I. und Valens
(cc. 15. 16 eod. [a. 364]) unterschiedslos auf 50 Pfund Silber (etwa
3274 *M*).[26] Im Jahre 378 wird vernünftiger Weise die ganze
Strafbestimmung aufgehoben; es soll dabei sein Bewenden haben,
dafs die unzulässige Appellation nicht angenommen wird; nur in
den Ausnahmefällen, in welchen die Appellation zulässig ist und
deswegen angenommen werden mufs, soll, falls sie in der Oberinstanz als unbegründet verworfen wird, den Appellanten die Strafe
von 50 Pfund Silber treffen (cc. 23 + 25 eod.). Aber dies ist nur
ein vorübergehender Zustand gewesen; denn schon im Jahre 383
taucht die alte Geldstrafe der unzulässigen Appellation gegen
Interlocute wieder auf. Es wird verordnet, dafs der Unterrichter sie
sofort von dem Appellanten beitreiben soll: in certa atque manifesta
praeiudicii condicione teneatur eumque confestim ab eodem
cognitore exigi conveniet ac teneri (c. 40 C. Th. de app. 11, 30).[27]
    In c. 30 C. Th. quor. app. 11, 36 (a. 385) wird die Strafe und
zwar mit Angabe des Betrages von 50 Pfund Silber ebenfalls bestätigt.[28] So lag die Sache auch unter Symmachus, und diese
Geldstrafe ist die multa praeiudicii, von welcher die Relation
spricht, und die auch sonst ähnlich, namentlich als praeiudicialis
multa bezeichnet wird.[29]
    Die Annahme der Appellation gegen Interlocute war in frühe-
ren Gesetzen dem Richter bei Meidung des litem suam facere untersagt. So schon von Constantin in c. 2 C. Th. 11, 36 (a. 315):
quippe cum et causam tuam videaris esse facturus, si per conni-

---

25) Das moderne Pfund zu 100 *M* und das römische zu 327,453 Gramm
gerechnet. Marquardt a. a. O. S. 77.
    26) In kirchlichen Sachen soll die Strafe den Armen anheimfallen. C. 20
eod. (a. 369).
    27) Ad Basilium comitem s. l., nämlich im Occident (Gothofredus, C.
Th. prosopographia h. v.); die Constitution ist also occidentalisch, so gut wie
cc. 23 — 25 citt. (ad proc. Africae). Desto auffallender ist, dafs des Zwischen-
zustandes nicht einmal Erwähnung geschieht.
    28) Es ist nicht mit Gothofredus h. l. (t. IV, p. 328), welchem Haenel
beitreten zu wollen scheint, die Stelle so zu ändern, dafs sie von der Appellation gegen Interlocute nicht spricht, denn das ältere Recht gegenüber cc. 23
bis 25 cod. war eben schon spätestens im Jahre 383 wieder eingeführt.
    29) C. 50 C. Th. 11, 30 (a. 393); Symmach. rel. 38 (Strafprocefs).

ventiam huiusmodi appellationem admiseris; ferner von Valentinian und Valens in c. 16 cod. (a. 364): litem suam faciente iudice, qui recepit.[30] In andern Fällen der Annahme unzulässiger Appellation waren dem Richter Geldstrafen angedroht.[31] Das Officium traf schwere Geldbufse, wenn es den Beamten nicht an die Beobachtung dieser Vorschriften erinnerte, und zwar bei der Appellation gegen Interlocute nach c. 16 C. Th. 11, 36 (a. 364) eine solche von 50 Pfund Silber,[32] wie es denn überhaupt zu den oft und bei schweren Strafen eingeschärften Amtspflichten des Büreaupersonals gehört, den Oberbeamten an die Beobachtung der Gesetze zu mahnen (suggerere, renuntiare), erforderlichen Falls sogar sich zu widersetzen.[33]

Nun kann zwar bekanntlich der Appellant bei Zurückweisung der Appellation durch den Unterrichter sich gleichwohl an den Oberrichter wenden,[34] und dies ist auch ganz unerläfslich, wenn die Appellation wirklich etwas bedeuten soll. Wenn man aber gewöhnlich annimmt, dafs im römischen Recht der Unterrichter mit dem weiteren Verfahren auch dann innezuhalten habe, wenn

---

30) Vgl. ferner: c. 2 C. Th. 11, 30 (a. 313), c. 3 C. Th. 11, 36 (a. 326), c. 11 cod. (a. 355), c. 25 C. Th. 11, 30 (a. 355), c. 15 C. Th. 11, 36 (a. 364), c. 18 cod. (a. 365), welche sämmtlich theils sagen, theils aus dem Gegensatze ergeben, dafs die Appellation gegen Interlocute nicht angenommen werden soll, doch ohne die Rechtsnachtheile hervorzuheben, welche die Uebertretung des Verbots nach sich zieht.

31) C. 10 C. Th. 11, 36 (a. 354): 50 Pfund Silber bei Annahme einer Appellation contra fisci commoda; c. 26 cod. (a. 379): 20 Pfund Gold (etwa 18271 ℳ) bei Annahme der Appellation gegen ein Decret auf Testamentseröffnung oder gegen die missio ex ed. d. Hadriani; vgl. Symm. epp. II, 30.

32) Bei der Appellation gegen den Fiscus nach c. 13 cod. (a. 358) gar 30 Pfund Gold (etwa 27407 ℳ).

33) Vgl. Karlowa, Röm. Rechtsgesch. B. 1, S. 876; Bethmann-Hollweg, Civilpr. B. 3, S. 17. 140 und die dort angeführten Stellen. Der Katalog liefse sich mit leichter Mühe verlängern; im C. Th. begegnen Bestimmungen der fraglichen Art auf Schritt und Tritt.

34) Vgl. Bethmann-Hollweg, Civilpr. B. 2, S. 708, B. 3, S. 329; Wetzell, Civilpr. S. 726 ff.; Briegleb, die Attentatsbeschwerde, vermischte Abhandlungen I (Erlangen 1868) S. 139 ff. Die von Briegleb mit Recht bestrittene Auffassung Bethmann-Hollwegs (B. 2, S. 708), dafs die Beschwerde über Verwerfung der Appellation wiederum Appellation sei, hatte Bethmann-Hollweg für die letzte Periode (B. 3, S. 329) schon nicht mehr vertreten.

er die Appellation als unzulässig zurückweist,[35] so ist das zwar
ein auf kaiserlichen Constitutionen beruhender Grundsatz des
classischen Rechts, zu welchem das justinianische im allgemeinen
durch Aufnahme der entsprechenden Stellen zurückgekehrt ist,[36]
aber dieser Grundsatz, der übrigens bei Justinian, wie im classischen Recht, nicht ausnahmslos ist, hat lange Zeit Unterbrechung
erlitten.

Insbesondere ist bei der unzulässigen Appellation gegen Interlocute und Decrete in der Executionsinstanz schon von Constantin
verordnet, dafs der Unterrichter der Appellation ungeachtet in der
Sache fortzufahren habe: qui a praeiudicio appellaverit vel ab
executoribus rerum antea statutarum . . . . . muletetur, ita ut
omnem causam ipse sine dilatione discingas (c. 2 C. Th.
11, 36 [a. 315]); ferner: causam autem universam, eius dum-
taxat, qui a praeiudicio vel ab executione temere appellaverit,
sine ulla dilatione discingas (c. 3 cod. [a. 326]). Desgleichen verordnete Gratian in c. 23 cod. (a. 378): si quis ab articulo
appellare tentaverit, non audiatur, sed neglecta appellatione iudex discussis omnibus tendat ad finem, und in c. 25 cod.,
(welche mit c. 23 [und 24] zu einem Gesetz zusammengehört):
ab executione appellari non posse satis et iure et constitutionibus
cautum est . . . nisi forte executor sententiae modum iudicationis
excedat. A quo si fuerit appellatum, executione suspensa decer-
nendum putamus, ut, si res mobilis est, ad quam restituendam
executoris opera fuerit indulta, appellatione suscepta posses-
sori res eadem detrahatur, et idoneo collocetur, reddenda ei parti,
pro qua sacer cognitor iudicaverit. Hierauf folgt eine ähnliche
Bestimmung über die Sequestration der Früchte des streitigen
Grundstücks. Der enge Zusammenhang des a quo mit dem Vo-

---

35) Zimmern. Gesch. d. röm. Privatrechts, B. 3 § 171, 4. § 176, 5.
Heffter, System des röm. und deutschen Civilprocefsrechts (2. Ausg. Bonn
1843) § 450[50]; Wetzell, Civilpr. S. 724 f.; Bethmann-Hollweg, Civilpr.
B. 2, S. 707 f. B. 3, S. 328[23], wo in diesem Punkte das classische Recht einfach als fortdauernd angesehen wird.

36) T. D. nihil innovari appellatione interposita 49, 7. F. 6 de appell.
recip. 49, 5 (Macer) und die übrigen bei Bethmann-Hollweg B. 2, S. 708[55]
und Wetzell S. 724[33] angeführten Stellen.

rigen lehrt, dafs nur dann, wenn von einem Richter appellirt
wird, welcher (behaupteter Mafsen) bei der Execution die Sentenz
überschreitet, die Appellation angenommen und zugleich die Execution ausgesetzt und die Sequestration verfügt werden soll. Alle
drei Mafsregeln sollen Hand in Hand gehen und können auch aus
diesem Grunde nur für den Fall zulässiger Appellation vorgeschrieben sein; denn die Vorschrift, die Appellation anzunehmen,
kann angesichts des Vorausgegangenen den Fall unzulässiger
Appellation nicht treffen wollen. In allen anderen Fällen also, in
denen die Appellation ab executione unzulässig ist, ist sie nicht
anzunehmen und die Execution fortzusetzen, ganz entsprechend
dem, was der in c. 23 vorliegende Theil desselben Gesetzes bei
der unzulässigen Appellation gegen Interlocute verfügt.[37]

Auch von andern Appellationsverboten des C. Th. läfst sich
hinlänglich wahrscheinlich machen, dafs sie den Unterrichter zur
Fortsetzung des Verfahrens trotz eingelegter Appellation verpflich-
teten. Sicher gilt dies von dem Verbot der Appellation gegen
das Endurtheil im interdictum unde vi; denn da hier die Appellation selbst dann ohne Suspensiveffect blieb, als man sie zuliefs,
hat sie zu der Zeit, als sie unzulässig war, zweifellos die Execution noch viel weniger gehemmt.[38]

---

37) In Bezug auf c. 5 C. J. quor. app. 7, 65 = c. 25 C. Th. cit., lassen
sich für die gleiche Auffassung dieselben Gründe geltend machen mit Aus-
nahme der Parallele von c. 23 C. Th. cit., welche im C. J. fehlt. Es ist danach
wenigstens nicht ausgeschlossen, dafs das Innovationsverbot, so allgemein es
auch bei Justinian auftritt, auf die unzulässige Appellation gegen Decrete
in der Executionsinstanz sich nicht bezieht; notorisch hat es trotz seiner
allgemeinen Formulirung auch bei Justinian noch andere Ausnahmen: f. 16 de
app. 49, 1.

38) C. 1 C. Th. si de mom. 11, 37 (a. 386) = c. 1 C. J. si de mom. poss.
7, 69, Symmachus rel. 28, vgl. unten Anm. 41. Für das Recht des C. Th.
erlaubt dies einen ziemlich sichern Schlufs auf die gleiche Bedeutung des
Appellationsverbots beim interdictum qu. b. (c. 22 C. Th. 11. 36 [a. 374]), bei
der Testamentseröffnung und der missio heredis scripti (c. 26 cod. [a. 379])
vgl. f. 7 pr. de app. rec. 49, 5 [Paull.]. Auch die Appellationsverbote in Fis-
calsachen müssen namentlich nach c. 10 C. Th. cod. (a. 354) und c. 27 cod.
(a. 383) den gleichen Sinn gehabt haben; dies gilt aber für das justinianische
Recht sicher nicht mehr; f. 6 de app. rec. 49, 5.

Bei ernsthafter Handhabung des Satzes, dafs die unzulässige Appellation wirkungslos ist, und über sie hinweg das Verfahren fortgesetzt wird, wären jene unglaublich hohen Geldstrafen gegen die Appellanten sicher entbehrlich gewesen. Aber nur Gratian hat zu der Justiz seiner Zeit das unberechtigte Vertrauen gehabt, dies auszusprechen und die Strafdrohung gegen den Appellanten zurückzuziehen. Es fehlte eben, wie die immer wiederholten Einschärfungen und Androhungen auch gegen Richter und Subalterne beweisen, ein brauchbares Justizpersonal, welches durch regelmäfsige Nichtbeachtung unzulässiger Appellationen und energische Fortsetzung des Verfahrens in der Unterinstanz solche Appellationen sehr bald erstickt haben würde.

Allerdings war das Verhalten der Justiz in diesem Punkte zum guten Theile mit veranlafst dadurch, dafs die Gesetzgebung die Beamten gewissermafsen zwischen zwei Feuer stellte, in dem sie ihnen auch bei Zurückweisung zulässiger Appellationen schwere Nachtheile androhte, wobei allerdings, dafs dieses nothwendig war, wiederum auf Rechnung der Gewissenlosigkeit der Beamten kommt. In sehr zahlreichen Constitutionen wird den Unterrichtern die Annahme zulässiger Appellationen eingeschärft und dabei getadelt, dafs sie die Appellation oft als Beleidigung ansehen.[39] Ja es mufste sogar schon Constantin (c. 2 C. Th. 11, 30 [a. 313]) einschärfen: minime fas est, ut in civili negotio libellis appellatoriis oblatis aut carceris cruciatus aut cuiuslibet iniuriae genus seu tormenta vel etiam contumelias perferat appellator. Für die Zurückweisung zulässiger Appellation wird dem Unterrichter sowohl wie dessen Officium, wenn es nicht remonstrirt, mit Strafen gedroht, welche, soweit sie näher bestimmt werden, zwischen 10 und 50 Pfund Goldes schwanken, also über 45000 ℳ für den einzelnen Fall des Zuwiderhandelns ansteigen und selt-

---

39) C. 11 i. f. C. Th. 11, 30 (a. 321): quasi vero appellatio ad contumeliam iudicis ... inventa sit; c. 13 eod. (a. 326): nonnulli iudicum inferioris gradus a sententiis suis interponi provocationis auxilium aegre ferentes cet.; c. 20 C. J. de appell. 7, 62 (a. 341): uec enim iudicem oportet iniuriam sibi fieri existimare eo quod litigator ad provocationis auxilium convolavit. Übrigens erörtert schon Ulpian f. uu. apud cum a quo 49, 12, wenn auch mit verneinendem Ergebnifs, ob derjenige, welcher einmal von einem Richter appellirt hat, sich fernerweit vor ihm einzulassen habe: quasi ad offensum.

samer Weise das Officium in der Regel strenger treffen als den
Richter selbst.[40] Zur Zeit des Symmachus hatte der Richter eine
Geldstrafe von 20, das Officium eine solche von 30 Pfund Gold
zu gewärtigen.

Es ist aufser Zweifel, dafs mit allen diesen Strafdrohungen
gegen die unzulässige Appellation und deren Annahme so gut wie
gegen die Zurückweisung zulässiger Appellation schon ihrer mafs-
losen Höhe wegen auf die Dauer nicht Ernst gemacht werden
konnte. Sie zeigen nichts als den ohnmächtigen Kampf der Gesetzgebung gegen unausrottbare Mifsbräuche. Bald nach einem
jeden solchen geharnischten Erlafs mochte alles wieder beim Alten
sein. Gewissenlose Richter wiesen zulässige Appellationen zurück.
Unzulässige wurden wieder gewagt und angenommen. So war
wenigstens die Gefahr vermieden, irrig eine zulässige Appellation
zurückzuweisen, und deswegen in Strafe zu verfallen, und gegen
die anderseitige Gefahr deckte man, wie Symmachus, das Officium
durch die Erklärung, dafs es seine Schuldigkeit gethan habe, und
um sich selbst zu decken, stellte man die Annahme der Appellation als einen Akt der Reverenz gegen den Oberrichter, hier den
Kaiser, hin und suchte sie aus dem Bestreben, den alten Vorwurf
zu vermeiden, als sei man durch die Appellation verletzt, sowie
mit andern passenden Floskeln zu erklären.

Es mochte nicht viel mehr als Laune der Machthaber oder
derer sein, welche die Sache am Hofe bearbeiteten, ob ein solches
Verfahren, wie in c. 26 C. Th. 11, 36 (a. 379) als ein ignave con-
niventiam adhibere ausgelegt, oder gnädig aufgenommen wurde.

---

40) C. 16 C. Th. 11, 30 (a. 331): dignum supplicium dem Richter gedroht, welches dem gewöhnlichen Sprachgebrauch nach sogar mehr als Geldstrafe bedeutet. C. 22 eod. (a. 343): der Richter erlegt 10, das Officium
15 Pfund Gold; c. 25 eod. (a. 355): beide 30 Pfund Gold; c. 29 eod. (a. 362):
das Officium zahlt 10 Pfund Gold; c. 32 eod. (a. 364): den Richter wie das
Officium trifft multa; c. 33 eod. (a. 364): die Strafe des Richters wird auf
20 Pfund Gold, die des Officium auf 30 festgesetzt. — Nach Symmachus:
c. 51 eod. (a. 393): Strafe des Richters 30 Pfund Gold, die des Officium
50 Pfund; c. 58 eod. (a. 399): erstere 20, letztere 25, c. 59 eod. (a. 399):
beide 30; c. 60 eod. (a. 400): Bestätigung der bestehenden Vorschriften. Justinian nahm c. 25 cit. auf =: c. 21 C. J. de app. 7, 62, die Worte von
nisi ei an in derselben sind aus c. 58 C. Th. cit. (dies zu Krüger h. l.);
vgl. auch c. 24 C. J. eod. = c. 32 cit.

Stammler u. Kipp, Festgabe.   6

Des Symmachus Thätigkeit, der regelmäfsig so handelt,[41] fällt in
eine Zeit, wo das letztere der Fall war. Theodosius der Grofse
hatte mittels eines Erlasses an den Proconsul von Palästina (c. 42
C. Th. 11, 30 vom 31. März 384) erklärt, es sei billigenswerthe Reverenz des Richters, wenn er auch die unzulässige Appellation annehme
und sich inzwischen — bis zur Entscheidung des Oberrichters —
des weiteren Verfahrens enthalte, was um der letzteren Äufserung
willen gerade auf die Appellation von Interlocuten vorzugsweise
zu beziehen sein dürfte: Probamus verecundiam iudicantis, si
superfluam[42] quoque recipiat provocationem, ne interim reliquum
negotium audiret. In einem Erlafs an den Dux von Ägypten
(c. 43 eod. vom 20. Oct. 384) hatte derselbe Kaiser die Verhängung
der multa praeiudicialis sich selbst vorbehalten: Provocantibus
muletas nisi ex nostris decretis non patimur imponi.

Zu der neuerdings mit Recht wieder aufgeworfenen Frage,[43]
wie seit der dauernden Reichstheilung praktisch die theoretisch
anerkannte Gültigkeit der Verordnungen eines Kaisers im Reichs-
theile des andern durchgeführt wurde, liegt hier ein inter-
essanter Beitrag vor. Jene beiden Constitutionen, von denen
wenigstens die erste wahrscheinlich vor Abfassung der Relation
erlassen ist,[44] beachtet Symmachus nicht; denn seine Relation

41) Rel. 28 bei damals unzulässiger Appellation gegen das interdictum
unde vi: Quid possint insti principes culpare, praesentio, in causis etenim,
quibus momenti reformatio postulatur, appellationes recipi non oportet. Ju-
dessen habe der Referent die Appellation absichtlich angenommen, damit der
Kaiser Kenntnifs von der Sache bekäme. Eine hübsche Art, dem Kläger
Gerechtigkeit zu schenken, der durch erwiesene schnöde Gewaltthat aus einem
Landgute vertrieben war, zu dessen Gegnern aber Vertreter einer hochgestellten
Persönlichkeit gehörten (vgl. Bethmann-Hollweg, Civilprozefs Bd. 3, S. 363 ff.).
In rel. 33, deren Fall verwickelt ist, (Muther oben Anm. 9) konnte über Zulässigkeit oder Unzulässigkeit der Appellation wirklich gezweifelt werden, weshalb auch Symmachus sagt: in causis appellationum malo ius potestatis infrin-
gere quam interpretationum dubia sustinere. Diesen Worten zufolge ist
übrigens die Annahme von Seeck p. CCX, rel. 33 sei nach Empfang der c. 44
cit. verfafst, weil Symmachus sich nicht mehr wegen Annahme der Appellation
entschuldige, doch wohl nicht zu halten.

42) Vgl. c. 39 eod. (a. 381), wo superflua appellatio ebenfalls die unzulässige bezeichnet.

43) Krüger, Quellengeschichte S. 272 f.

44) Vgl. Anm. 3 über den Amtsantritt des Symmachus.

steht noch auf dem alten Standpunkte; sehr begreiflich; denn die
wirkliche Beobachtung der östlichen Constitutionen im West-
reich ist nicht früher denkbar als bis man sie dort kannte, und
bis dies bei allen Amtsstellen der Fall war, die sie angingen,
mochte lange genug dauern, und so hat Symmachus jedenfalls
keine der beiden Constitutionen des Theodosius bei Abfassung
der Relation gekannt.

Am occidentalischen Hofe aber scheinen sie bekannt gewesen
zu sein, als man die Relation beantwortete. Denn derselbe Hof
Valentinians II., welcher am 30. August 383 gefunden hatte, es
bedürfe gar keiner Erörterung (disputatione non indiget), dafs, wer
vom Interlocut appellire, sofort von dem Unterrichter mit der
gewohnten Strafe zu belegen sei (c. 40 C. Th. 11,30), beeilt sich,
am 29. November 384, zweifellos unter dem Eindruck des von
Theodosius gegebenen Beispiels, dem Symmachus zu rescribiren,
auch wenn die Appellation gegen ein Interlocut eingelegt sei, sei
sie anzunehmen, und die Sache dem Kaiser (oder dem sonstigen
Oberrichter) zu übersenden, da ja leichtlich nach Entscheidung in
der Appellationsinstanz die Geldstrafe von dem Appellanten bei-
getrieben werden könne (c. 44 cit. oben S. 71.) Die praktische
Verwirklichung der Gültigkeit des theodosianischen Gesetzes im
Westen vollzieht sich also in unserem Falle dadurch, dafs der
westliche Kaiser seinerseits im gleichen oder doch ganz ähnlichen
Sinne rescribirt, wie der östliche gethan hatte, dem ja von Seiten
des Westens eine gewisse Superiorität zugestanden zu werden
pflegte.

Wie nun der Satz der c. 4 cit. (oben S. 71): sententia non
valet quae ex libello data 'non fuerit, in den Zusammenhang des
Rescripts auf unsre Relation kommt, erklärt sich folgender mafsen.
Schon in c. 40 cit. hatte Valentinian für die Frage, ob das Decret appellabel sei oder nicht, auf das rein äufserliche Merkmal
verwiesen, ob dasselbe durch Verlesung aus schriftlicher Abfassung
oder blofs mündlich verkündet werde: omnem quae de libello
scripta recitatur, dici volumus atque esse sententiam atque ab
ea provocationis auxilia quisquis efflagitat, ad auditorii sacri
venire iudicium, neque illic ex praeiudicio poenam vereri cet.
Dagegen: quicquid in cunctis cognitionibus atque conflictibus
libelli absque documento et recitatione decernitur,

6*

praeiudicii loco iuste ac probabiliter putatur, deshalb soll auf
Appellation gegen Decrete der letzteren Art die multa praeiudicialis Anwendung finden. Es ist selbstverständlich ausgeschlossen,
dafs die Appellabilität davon abhängig gemacht werden sollte, ob
es dem Richter beliebt hat, das im Einzelfalle in Frage kommende
Decret schriftlich abzufassen oder nicht, sondern gemeint ist:
das Decret, welches nach den bestehenden Gesetzen schriftlich zu verfassen ist, soll sententia heifsen und appellabel sein;
jedes andere soll unter den Begriff des praeiudicium fallen und
nicht appellabel sein. Die Verkündung ex libello (oder ex periculo) war aber nur vorgeschrieben für das Endurtheil,[45] und so
stellt sich die Fassung der c. 40 cit. als eine seltsame Umschrei-
bung des einfachen Gedankens heraus, dafs das Endurtheil appellabel sein soll, das Interlocut nicht. War man aber in c. 40 cit.
in solcher Weise darauf verfallen, die Frage der schriftlichen Abfassung im Zusammenhange mit der Appellabilität zur Sprache
zu bringen, so ist es auch erklärlich, wenn in ähnlichem Zusammenhange in dem Rescript auf unsere Relation Gelegenheit
genommen wurde, die schriftliche Abfassung des Endurtheils ein-
zuschärfen. Eine mögliche nähere Beziehung der c. 4 cit. auf
den Fall der Relation wird sich später ergeben.

Allgemein und ständig ist übrigens die Stellung, welche die
Kaiser in den angeführten Constitutionen zu der Annahme unzulässiger Appellation durch den Unterrichter einnehmen, keineswegs geworden.[46] Insbesondere die Annahme der Appellation

---

45) Tit. C. Th. 4, 17, tit. C. J. 7, 44 de sententiis ex periculo recitandis.
Dafs nur das Endurtheil gemeint ist, geht bei der unbestimmteren Sprechweise
der übrigen cc. hervor aus c. 2 C. J. t. c. (a. 371): sententias definitivas, c. 1
C. Th. t. c. (a. 373): ultimas definitiones. Vgl. c. 14 § 1 i. f. C. J. de ind. 3, 1
(a. 530): definitivae sententiae recitatio.

46) Theodosius verfügte schon 393 wieder, dafs die praeindicialis multa
iudiciaria auctoritate verhängt werden soll (c. 50 C. Th. 11,30), und kennt
in c.51 eod. (a. 393) Fälle, in welchen provocatio respuenda est; desgleichen
im Strafprocefs: c. 31 C. Th. 11, 36 (a. 392). Im Westen ist durch c. 30 eod.
(a. 385; vgl. c. 32 eod. [a. 396]) für klare fiskalische Schuldsachen die Annahme der Appellation verboten und anscheinend auch für die Appellation in
der Executionsinstanz und gegen Interlocute dasselbe gemeint. Auch unter
Justinian giebt es zahlreiche Fälle, in denen die Annahme der Appellation
verboten ist. T. C. J. 7, 65 quorum appellationes non recipiantur.

gegen Interlocuto ist, wenn nicht früher, so sicher durch Justinian wieder verboten: μήτε δεχέσθω τὴν ἔκκλητον ὁ δικαστής (l. rest. 36 C. J. de app. 7, 62). Allerdings scheint gleichwohl das Innovationsverbot bei Appellation gegen Interlocuto Anwendung gefunden zu haben; wenigstens ist eine Stelle aufgenommen, welche voraussetzt, dafs bei einer solchen Appellation der Unterrichter mit dem Verfahren innehält: dicta pro actate sontentia adversarii, ut impedirent cognitionem praesidis, ad imperatorem appellaverunt: praeses in eventum appellationis cetera cognitionis distulit (f. 39 pr. de min. 4, 4).

Es darf nach allem Vorigen wohl als feststehend gelten, und dies ist die Grundlage für die weitere Darlegung, dafs Symmachus nur ein Interlocut erliels, und die Appellation lediglich defswegen als unzulässig behandelt.[47]

Der Inhalt des angefochtenen Interlocuts ist den Worten ad denuntiationem dilato negotio zu entnehmen, welche besagen, dafs die Sache bis zur Denuntiation aufgeschoben wurde. Dies kann nichts anderes sein, als die procefseinleitende Litisdenuntiation. Von deren Vollzuge an lief eine viermonatige Frist, an deren Endtage die Verhandlung des Rechtsstreits bei Meidung der Sachfälligkeit des Klägers zu eröffnen war. Verlangt also das Interlocut des Präfekten vor weiterer Verhandlung den Vollzug der Litisdenuntiation, so hiefs das zunächst, die Sache einstweilen aussetzen bis zum Ablauf des vierten Monats nach erfolgter Denuntiation, zu welcher die Kläger ihrerseits das Erforderliche zu veranlassen hatten. Die hier zu Grunde gelegte Auffassung der Litisdenuntiation soll später gegen die abweichende Barons[48] vertheidigt werden; zunächst gilt es, aufzuklären, wie der Präfect zu jenem Interlocut gelangte.

---

47) Seeck führt (h. l.) c. 26 C. Th. 11, 36 (a. 379) an und meint also wohl. die Appellation sei unzulässig als gerichtet gegen die missio ex edicto divi Hadriani; dies stimmt aber nicht zur Sachlage. Ein Besitzeinweisungsdecret zu Gunsten der Beklagten, gegen welches die Kläger appellirten, liegt nicht vor, und eine anderweitige Appellation, deren Tendenz auf Vertreibung der scripti heredes aus dem Besitz sich richtet, wird von c. 26 cit. nicht getroffen.

48) Anm. 9.

Als zweifellos wird hierbei soviel in Anspruch genommen werden dürfen, dafs die Kläger das interdictum qu. b. angestellt haben, da Erbschaft den Gegenstand des Streites bildet, die körperlichen Erbschaftssachen sich im Besitze der Beklagten befinden, und der Umstand, dafs sie bonorum possessio secundum tabulas agnoscirt haben, in einer allerdings noch näher zu erläuternden Weise den Klägern entgegen steht, der Antrag der Kläger als das Verlangen nach einer sententia de possessione ausdrücklich bezeichnet wird, und das interdictum qu. b. (vorbehaltlich der Frage nach seinem possessorischen Wesen) den Namen eines interdictum adipiscendae possessionis bekanntlich führt, während ein anderes Besitzrechtsmittel nach Lage der Sache gar nicht in Betracht kommen kann.

Nun könnte man das Interlocut darauf zurückführen wollen, dafs das interdictum qu. b. selbst damals noch die Litisdenuntiation erforderte, wovon das Gegentheil für diese Zeit allerdings anders als durch unsere Stelle selbst nicht bewiesen werden kann.[49] Aber diese Annahme verbietet sich dadurch, dafs über das Interdict augenscheinlich schon verhandelt ist, hierfür also die Litisdenuntiation nicht mehr als Vorbedingung verlangt werden kann; denn der Präfekt bezeichnet den Antrag der Kläger als ungerechtfertigt, er erklärt für bewiesen, dafs die Beklagten b. p. s. t. agnoscirt haben und folgert daraus, dafs den Klägern ab intestato bonorum possessio minimo competebat. Wenn also der Präfekt die Kläger nicht durch Endurtheil abweist, sondern für weitere Verhandlung die vorgängige Litisdenuntiation verlangt, so mufs das Interdict ohne solche verhandelt worden,[50] aber noch ein andrer Anspruch im Streit sein, für dessen Verhandlung die Litisdenuntiation unerläfslich ist. Dieser zweite Anspruch kann nur die hereditatis petitio sein. Der Präfekt sagt zunächst, dafs super testamenti iure Streit war und dann, dafs (bei dieser Gelegenheit) die Kläger sententiam de possessione beantragten. Dies läfst doch wohl keine andere Erklärung zu, als die, dafs die

49) Meine Litisdenuntiation S. 296ᵃ.
50) Möglich ist sicher, dafs das interd. qu. b. schon damals ohne Litisdenuntiation verhandelt werden konnte, weil c. 6 C. Th. de den. 4, 6 (a. 406), welche es, weil alle Interdicte, von der Litisdenuntiation ausnimmt, erweislich Altes neben Neuem bringt. (Litisdenuntiation S. 297 f.)

h. p. als der Streit um das Erbenrecht dem interdictum qu. b.
als dem Streit um den Erbschaftsbesitz gegenüber gestellt wird,
dafs beide Streitigkeiten hier anhängig gemacht waren, und dafs
demzufolge zu jener Zeit das interdictum qu. b. mit der hereditatis petitio in demselben Processe verbunden werden konnte,
als ein einfacher Vorantrag auf Einweisung in den Besitz, über
den der Präfekt, da er ihn unbegründet findet, zur Tagesordnung
übergeht, indem er durch Interlocut verfügt, dafs die Verhandlung
der Hauptsache, der h. p., bis zur Beschaffung der fehlenden
processualen Vorbedingungen ausgesetzt werde.

Dieses Ergebnifs wird wesentlich unterstützt durch eine von
Symmachus in einem andern Bericht (rel. 28) mitgetheilte Constitution. Dort suchten nämlich die Beklagten, gegen welche das
interdictum unde vi angestellt war, als sie ihr Unterliegen in
demselben voraussahen, auf das Petitorium überzuspringen und
verlasen eine Constitution: quae iudicibus tribuit copiam, non
inponit necessitatem, ut quotiens de possessione successionis
iudicant, continuo, si casus tulerit, etiam de iure cognoscant.
In jenem Falle unbeachtlich, weil der Streit sich nicht um Erbschaft drehte, ist diese Constitution, von der wir sonst nichts
wissen,[51] für unsere Relation der Schlüssel: es ist erlaubt, Possessorium und Petitorium in Erbschaftssachen[52] zu verbinden,
vom Streit über den Besitz der Erbmasse (possessio successionis),[53] sofort zu dem über das Erbenrecht (ius successionis)
überzugehen; ja anscheinend kann der Richter sogar von Amts-
wegen zum Petitorium weiter schreiten, wenngleich er nach seinem
Ermessen die Verbindung auch versagen, und selbstverständlich,
wie in unserm Processe, die vorgängige Erfüllung der für das
Petitorium nöthigen processualen Bedingungen verlangen kann.
Nichts nöthigt, den allgemeinen Ausdruck der Constitution etwa
zu beschränken auf die missio ex edicto d. Hadriani; er darf

---

51) Ohne Grund setzt sie Haenel, Corpus legum (Lips. 1857) p. 231 in
das Jahr 386. Nach dem, was wir über die Amtszeit des Symmachus wissen,
ist das jedenfalls zu spät.

52) Dafs nur von diesem, zufolge der Worte possessione successionis,
die Rede ist, hat Bethmann-Hollweg, Civilpr. B. 3, S. 370 übersehen.

53) Dafs successio die Erbmasse bedeuten kann, ist schon von Brisso-
nius h. v. nachgewiesen. Vgl. bes. c. 21 C. J. de pact. 2, 3 (a. 293).

unbedenklich auf das interdictum qu. b. mitbezogen werden. In
Verbindung mit einander sind defshalb die rel. 16 und die
erwähnte Constitution geeignet, den Beweis dafür erheblich zu
verstärken, dafs das interd. qu. b. in dieser Zeit rein possessorisch-
provisorisch wirkte, ohne jede definitive Entscheidung über das
Erbenrecht; denn der Art, wie possessio und ius hier gegenübergestellt werden, wird man schwerlich auf eine andere Weise
gerecht. ·

Ebenso sicher würde für die gleiche Auffassung des Interdicts die Art angeführt werden können, wie der Präfekt das unbegründet befundene Interdict nicht einmal mittels Endurtheils
abweist, sondern mit seinem procefsleitenden Interlocut einfach
darüber hinweg zur hereditatis petitio übergeht und hiermit nur
tacite den Besitzeinweisungsantrag ablehnt. Dafs er das gethan
hat, dürfte erwiesen sein. War er damit im Rechte, so ist voll-
ends undenkbar, dafs das Interdict in irgend einer Weise mit
definitiver Entscheidung in die Erbrechtsfrage eingriff.

Allein gerade in diesem Punkte ist das Verfahren des Präfekten sehr befremdlich. Denn nach dem, was wir sonst vom
Petitorium und Possessorium wissen, sind doch beides gesonderte
Ansprüche, die zwar verbunden werden können, doch so, dafs die
zuerst erfolgende Entscheidung über das Possessorium den Werth
eines Endurtheils hat [54], und dieses sollte man also auch von dem
interdictum qu. b. erwarten, trotzdem es lediglich eine vorläufige
Besitzeinweisung bedeutete. Es unterlag auch das interdictum
qu. b. einem selbstständigen Appellationsverbot: In interdicto quorum bonorum cessat licentia provocandi, ne, quod beneficio celeri-
tatis inventum est, subdatur iniuriis tarditatis. (C. 22 C. Th. 11, 36
[a. 374].) Die Begründung weist darauf hin, dafs das Appellationsverbot erlassen ist zu Gunsten des Klägers, dessen Einweisung
in den Besitz nicht aufgehalten werden soll, einer klägerischen
Appellation gegen Abweisung des Interdictsanspruchs mittels Endurtheils aber nichts entgegensteht, ebenso wie in c. 26 cod. nur
die Appellation gegen die verfügte Testamentseröffnung [55] und
gegen das Einweisungsdecret ex edicto d. Hadriani, nicht gegen

---

54) Vgl. Wetzell, Civilpr. S. 860 f.
55) Vgl. l. 7 pr. de app. rec. 49, 5 (Paull.).

die Ablehnung darauf gerichteter Anträge verboten ist. Vielleicht aber muls man aus der grundsätzlichen Gleichstellung der Parteien doch schliefsen, dafs auch dem Kläger die Appellation abgeschnitten war. Ist nun das Verfahren des Symmachus correct, so mufs unter der ersteren Auffassung angenommen werden, dafs der Kläger, wenn er das Interdict mit der h. p. verband, sich der Möglichkeit der Appellation, für den Fall, dafs er mit dem Interdict nicht durchdrang, begab, weil dann die Ablehnung des Besitzeinweisungsantrages nicht den Wert des Endurtheils, sondern nur den eines Interlocuts hatte. Oder aber, wenn die Appellation beim Interdict auch dem Kläger verschlossen war, so ergiebt das Verfahren des Symmachus, dafs im Falle der Verbindung des Interdicts mit der h. p. nicht auf dieses Verbot, sondern nur auf das allgemeine der Appellation gegen Interlocute zurückgegangen wurde, um die Unzulässigkeit der Appellation zu motiviren. Die eine wie die andere Annahme, so nothwendig sie aus dem Vorfahren des Symmachus folgt, hat ihre Bedenken, und so wird man darauf geführt, die Correctheit dieses Verfahrens zu bezweifeln.

Dafs damals Urtheile in der Oberinstanz öfter reformirt sind, so gut wie heute, braucht kaum ausgesprochen zu werden, und so erscheint die Aufwerfung solchen Zweifels nicht von vorn herein unzulässig. Es liegt auch nicht fern, dem Satz der c. 4 cit.: sententia non valeat quae ex libello data non fuerit, eine engere Beziehung auf den Fall unserer Relation zu geben, als die lockere oben bemerkte. Der Kaiser könnte den Präfekten darauf hingewiesen haben, dafs er das Interdict mittels formrichtigen Endurtheils hätte abweisen müssen, und daneben hätte die Verfügung gestanden, übrigens sei die Appellation auch dann anzunehmen, wenn sie der Richter als Präjudicialappellation betrachte (etiamsi a praeiudicio interposita dicatur in c. 44 cit.).

Selbstverständlich wird dies nur als eine Möglichkeit hingestellt. Ist sie abzulehnen, so steht die rein possessorische Natur des Interdicts um so sicherer fest, ist sie anzunehmen, so fällt der aus der processualen Behandlung bei Symmachus für diesen Charakter des Interdicts zu entnehmende Grund allerdings fort, es bleibt aber der andere, welcher die Auffassung auch für sich allein trägt, die Art nämlich, wie das Interdict der hereditatis petitio gegenübergestellt wird.

Die vorgetragene Auffassung würde Bedenken unterliegen, wenn die Worte: quibus ab intestato bonorum possessio minime conpetebat, quia heredibus scriptis secundum tabulas docebatur indulta, wirklich, wie auf den ersten Blick scheint, dahin verstanden werden müssen, es sei erwiesen, dafs den eingesetzten Erben b. p. s. t. zustehe und deswegen die Kläger b. p. ab intestato sicher nicht hätten. Allein selbst wenn das gemeint ist, würde daraus nicht folgen, dafs im Interdictsprocefs die vollständige Aufklärung darüber, ob Kläger bonorum possessor ist oder nicht, erfolgen mufste, und eine definitive Entscheidung darüber auch nur erfolgen konnte, denn auch, wenn beides, wie wir meinen, nicht der Fall war, so konnte der Richter, falls der Gang der Verhandlungen im Einzelfall ihm die vollständige Überzeugung verschaffte, dafs die Kläger nicht bonorum possessores sein konnten, weil die Beklagten eine vorgehende bonorum possessio hatten, sehr wohl die Ablehnung der beantragten Besitzeinweisung auf diesen Grund stützen; denn dafs er stärker war als nöthig, um die Entscheidung zu rechtfertigen, war kein Fehler.

Indessen lassen jene Worte auch eine andere Auffassung zu. Wir stehen in der Zeit, zu welcher die Agnition der b. p. durch einseitige Erklärung vor einer beliebigen Protokollbehörde erfolgen konnte; denn dies war im Jahre 339 eingeführt (c. 9 C. J. qui admitti ad b. p. 6, 9). An eine b. p. decretalis ist nicht zu denken; auch das Wort indulta weist nicht darauf hin; denn indulgere bonorum possessionem konnte auch seit dem Jahre 339 von der einfachen b. p. edictalis eben so gut (oder richtiger nicht übler) gesagt werden wie petere, postulare, implorare, impetrare erweislich von ihr gesagt wurde.[56] Wenn nun der Präfekt sagt, dafs den Beklagten b. p. s. t. indulgirt war, so heifst das zunächst nichts weiter, als dafs sie dieselbe agnoscirt hatten. Dies ist aber dafür, dafs sie ihnen wirklich zustand, bei der Agnitionsform der c. 9 cit. noch viel weniger beweisend als früher; denn bei dieser Form mufste die Frage, ob man durch die

---

56) C. 8 C. Th. de matern. bon. 8, 18 (a. 407), c. 7 C. Th. de bon. poss. 4, 4 (a. 424), c. 1 C. Th. de cret. vel b. p. 4, 1 (a. 426).

Agnition wirklich bonorum possessor geworden war, im vollsten Umfange dem Procefs unter mehreren Erbprätendenten überlassen bleiben.

Es ergiebt also die Thatsache, dafs Beklagte die b. p. s. t. agnoscirt hatten, für sich allein auch gar nichts dafür, dafs den Klägern die b. p. ab intestato nicht zustand, es kam darauf an, ob die edictmäfsigen Voraussetzungen der b. p. s. t. vorlagen; dafs diese nachgewiesen waren, sagt aber der Präfekt nicht, und ehe man es in seine Worte hineinträgt, wird man die folgende abweichende Auffassung vorziehen, weil sie zu der ganzen Sachbehandlung besser pafst.

Wie die in einem schriftlichen Testament eingesetzten Erben vermöge des ed. divi Hadriani selbst als Kläger den Anspruch auf den vorläufigen Besitz der Erbschaft haben, auch wenn Fälschung oder Ungültigkeit des Testaments behauptet wird,[57] so ist vollkommen begreiflich, dafs im Interdictsprocefs, wofern die Beklagten sich auf b. p. s. t. berufen, den Klägern die Einweisung in den Besitz ohne weiteres abgeschlagen wird, auch wenn die Beklagten nichts weiter beweisen als was hier vorlag: dafs sie in einem schriftlichen Testament zu Erben eingesetzt sind und b. p. s. t. agnoscirt haben. Ganz folgerichtig würde der Präfekt sagen, dafs, weil diese Beweise vorlagen, den Klägern auf Grund ihres (angeblichen) Intestaterbrechts ein Anspruch auf den (einstweiligen) Besitz der Erbschaftssachen nicht zustand, nicht aber, dafs sie nicht bonorum possessores waren. Ob Letzteres der Fall war, blieb vielmehr weiterer Prüfung vorbehalten. Freilich kann dies nur dann richtig sein, wenn die Worte: ab intestato bonorum possessio minime conpetebat, wie obsteht übersetzt werden dürfen, also bonorum possessio hier den thatsächlichen Besitz der Erbschaftssachen, nicht die Rechtsstellung des bonorum possessor bedeutet. Diese Annahme aber wird man unbedenklicher finden als sie scheinen könnte, wenn daran erinnert wird, dafs weder das Edict noch die Classiker sich scheuen, im Zusammenhange der Lehre von der b. p. possidere, possessor, wie bonorum possessio vom thatsächlichen Besitze zu gebrauchen, ja dafs Papinian in einem und demselben Satz possessio für

---

57) C. 2 C. J. de ed. d. Had. toll. 6, 33 (a. 223).

die b. p., bonorum possessio für den Besitz der Erbschaftssachen anwendet. Das Interdict lautet ja selbst: Quorum bonorum ... illi possessio data est, quod de his bonis .... pos-
sides cet. id illi restituas (f. 1 pr. qu. bon. 43, 2), und von diesem
Interdict, welches voraussetzt, dafs bonorum possessio ex edicto
data est: in dem einen Sinne, sagt Ulpian: est apiscendae
possessionis universorum bonorum: in dem andern Sinne
(f. 1 cit. § 1), sogut wie Severus und Caracalla sagen, dafs man
durch dasselbe possessor wird (c. 1 C. J. qu. bon. 8, 2 [a. 197]),
da man doch bonorum possessor im Sinne des prätorischen Erben
sein mufs, um es anstellen zu können. Endlich Papinians oben
berührter Ausspruch lautet: Contra tabulas filii possessionem
iure manumissionis pater accepit et bonorum possessionem
adeptus est (f. 16 § 1 do inoff. 5, 2). Hier heifst possessionem
accepit: er hat die b. p. erhalten. Bonorum possessionem acci-
pere in diesem Sinne ist bekannt genug [58] und possessio allein
für bonorum possessio schreibt gerade Papinian fast ebenso oft
wie die vollere Form. [59] Bonorum possessionem adeptus est
dagegen heifst, er hat den realen Besitz erlangt, und zwar, wie
aus dem weiteren Verlauf der Stelle hervorgeht, [60] mittels des
interdictum qu. b. welches ja est adipiscendae possessionis bonorum.

Unter diesen Umständen wird man es nicht weiter auffallend
finden, wenn in der Zeit gesunkener Rechtslatinität der Präfekt
bonorum possessio minime competebat in dem Sinne gebraucht:
sie hatten keinen Anspruch auf den Besitz der Erbschaftssachen,
obwohl zu: secundum tabulas docebatur indulta b. p. in dem
andern Sinne zu ergänzen ist.

---

58) vgl. z. B. f. 3 §§ 9. 13 de b. p. c. t. 37, 4 (Ulp.), f. 10 unde cognati
38, 8 (Scaev.)., f. 11 § 1 do b. p. s. t. 37, 11 (Pap.), f. 43 de bon lib. 38, 2
(Pap.).

59) Am einfachsten ersieht man dies aus Lenel, Palingenesia iuris ci-
vilis fasc. VI (Lips. 1888) Papin. fr. 221. 223. 224. 225. 234. 236. 523—530.
545. 548. 549. 561. 563. 566. Bei andern Juristen findet sich dieselbe Erscheinung
viel seltener; vgl. f. 3 § 11 de b. p. c. t. 37, 4 (Ulp.), f. 1 § 7 ad sc. Tert. 38, 7
(Ulp., aber Papinian excerpirend).

60) Leist, in Glücks Commentar Serie der Bücher 37 und 38 (Erlangen
1870—79) B. 1, S. 402 f.

Sind die obigen Ausführungen richtig, so ist damit die von
Leist[61] vortrefflich vertheidigte Annahme, dafs in nachdiocle-
tianischer Zeit das interd. qu. b. ein provisorisches Mittel zur
Erlangung des Besitzes der körperlichen Erbschaftssachen geworden
war, ohne endgültige Erledigung der Frage nach dem Erbenrecht,
durch zwei weitere Belege unterstützt   Es war die Absicht, auf
diese Belege aufmerksam zu machen; eine Recapitulation des
sonstigen hinlänglich bekannten Materials der Frage wird der
Leser schwerlich wünschen.[62]

Einzig für das Gebiet der b. p. c. t. giebt Leist[63] dem Interdict eine andere Stellung.   Hier soll es mit der hereditatis petitio
possessoria zusammengeflossen sein, vollständigen Beweis erfordern
und definitiv wirken.   Diese Auffassung rechtfertigt sich in der
That.   Gerade wenn das Interdict im allgemeinen ein Rechtsmittel
zur Erlangung des provisorischen Besitzes geworden war, so
konnte im Falle des Streits zwischen dem Testamentserben und
dem, welcher b. p. c. t. in Anspruch nahm, neben der missio ex
ed. divi Hadriani, welche dem Testamentserben den Anspruch auf
den vorläufigen Besitz gab, das Interdict in jener Bedeutung nicht

61) Bonorum possessio (Göttingen 1844—48) B. II,2, S. 166 ff., Serie der
Bücher 37 u. 38 B. 2, S. 403 ff.

62) Entschiedene Äufserungen seit Leist sind nicht häufig. Ubbelohde, possessorische Function des interd. qu. bon. im Archiv f. d. civ. Prax.
B. 70 (1886) S. 42 ff. behandelt nur die dem behaupteten titulo singulari er-
worbenen Eigenthum gegenüber possessorische Natur des Interdicts, ohne auf
die Frage einzugehen, in wie weit es possessorisch-provisorisch war, wenn
der Beklagte sich auf Erbrecht berief. Die Pandektendarstellungen lassen die
Frage als durch die spätere Praxis gegenstandslos geworden meistens dahin-
gestellt. Gegen Leists Auffassung Brinz (2. Aufl.) B. 3, 1 (Erlangen 1886)
§ 362. 406. Für dieselbe anscheinend Dernburg B. 3 (Berlin 1887), S. 316¹,
insofern er das Interdict im C. Th. für ein auch in den Procefsformen sum-
marisches Rechtsmittel erklärt; Wendt (Jena 1888) S. 864, indem er erklärt,
dafs in der späteren Kaiserzeit das Interdict und die missio ex ed. divi Hadriani als gleichartig zusammengeflossen seien und als einheitliches Institut
aufgefafst werden dürfen, was allerdings eine etwas andere Wendung ist als
die Auffassung von Leist, Serie der Bücher 37 u. 38 B. 2, S. 405 ff., der beide
Institute für gleichartig, aber nicht für verschmolzen erklärt und annimmt,
dafs im Gebiet der testamentarischen Erbfolge im 5. Jahrhundert das Interdict
durch die missio aus der Praxis verdrängt worden sei. Das ist auch wohl
das Richtigere.

63) A. a. O. S. 403 f.

bestehen. Es mußte vielmehr entweder dem Testamentserben die missio ex ed. divi Hadriani, oder aber dem prätorischen Notherben die Einweisung mittels des Interdicts versagt werden. Es ist sehr erklärlich, daß das römische Recht den letzteren Weg ging, also den Anspruch des Testamentserben auf den einstweiligen Besitz auch dem Notherben gegenüber anerkannte und diesem nur ein petitorisches, definitives Rechtsmittel gegen den ersteren verlieh, mit andern Worten das Interdict in dieser Anwendung in der hereditatis petitio possessoria aufgehen ließ.

II.

Die Procefseinleitung durch Litisdenuntiation und die dilatio instrumentorum causa.

Für die Procefseinleitung durch Litisdenuntiation ergiebt die im vorigen Abschnitt behandelte Relation des Symmachus, dafs, wenn ein Anspruch, zu dessen Verhandlung diese Procefsein-leitungsform Vorbedingung ist, ohne Beobachtung derselben an-gebracht wird, der Richter mittels Interlocuts die Sache bis zur Erbringung dieser Voraussetzung formrichtigen Verfahrens aussetzt. Die Abwartung der mit der Litisdenuntiation beginnenden Frist und die Eröffnung der Verhandlungen am Endtage derselben ergiebt sich dann von selbst.

Freilich ist im Vorigen einstweilen diejenige Auffassung der Litisdenuntiation als richtig unterstellt, welche der Verfasser früher vertheidigt hat. Es sind daher, da Baron[64] eine völlig abwei-chende Auffassung aufgestellt hat, die wichtigsten neuen Gesichts-punkte und Gründe, welche von ihm beigebracht sind, im Folgenden noch zu würdigen. Doch soll dabei möglichst vermieden werden, früher Gesagtes zu wiederholen.

Baron (S. 1 ff.) hält an der Ansicht fest, dafs die Litisdenun-tiation schon in republikanischer Zeit bestand (S. 94 ff.). Er meint aber, sie sei von M. Aurel, den man als „den gröfsten Prozefs-reformator der Römer" bezeichnen könne, zum Ausgangspunkt einer neuen Procefsart gemacht, des „Denuntiationsprocesses." Dieser komme als contradictorischer und als contumacialer vor. Den letzteren habe M. Aurel geschaffen, indem er das Contu-

---

64) Anm. 9.

macialurtheil einführte (bes. S. 68 ff.); in ihm sei später nur die
Ladungsform verändert, im übrigen sei er „noch zu Justinians
Zeit derselbe, wie ihn M. Aurel geschaffen hat" (S. 2). Gemeinsam soll ihm mit dem contradictorischen Denuntiationsprocefs der
Satz sein, dafs ohne Geschworene verhandelt wurde. Die Ab-
schaffung der Geschworenen im contradictorischen Denuntiationsprocefs wird als das zweite Verdienst M. Aurels hingestellt (bes.
S. 42 ff.). Dagegen wird die Frist der Litisdenuntiation als nur
dem contradictorischen Procefs eigenthümlich behandelt (bes. S. 209).
Sie wird aufgefafst als eine ebenfalls von M. Aurel eingeführte
viermonatige Beweisfrist, welche beiden Parteien gleichzeitig von
der ersten und eigentlichen procefseinleitenden Litisdenuntiation,
der auch von Baron s. g. denuntiatio suo nomine, läuft, aber
nach Versäumnifs reparirt und auch während ihres Laufs erstreckt
werden kann. Diese Erstreckung der Denuntiationsfrist soll die
wohlbekannte dilatio instrumentorum causa sein, deren Einführung
also auch dem Kaiser M. Aurel zugeschrieben wird (S. 27 ff. 40 ff.
126 ff.). Der so gestaltete contradictorische Denuntiationsprocefs
stand nach Baron anfangs dem Kläger zur Wahl neben dem
Geschworenenprocefs, der mit in ius vocatio oder Vadimonium
eingeleitet wurde, verdrängte aber diesen später aus der Praxis
(S. 45 ff.) und blieb seinerseits „bis über die zweite Hälfte des
vierten Jahrhunderts hinaus" unverändert in Geltung. Von da
an wurde er auf doppeltem Wege allmählich aufgelöst, einmal,
indem man viele Sachen der Einleitung durch Litisdenuntiation
entzog, und sodann, indem man die Ladungsform der Denuntiation und jene Beweisfrist beseitigte (S. 185 ff.).

In der Begründung dieser Aufstellungen spielt eine Haupt-
rolle das Verfahren bei excusatio und potioris nominatio im Vor-
mundschaftswesen, welches bereits Wieding[65] mit der Litisdenuntiation in Verbindung gebracht hatte. Dieses mit privater
Denuntiation beginnende und im Falle der Erfolglosigkeit derselben
mit denuntiatio ex auctoritate praetoris fortlaufende Verfahren mit
seinen eigenthümlichen Fristen nimmt Baron im wesentlichen,
unter Ausschlufs der funfzigtägigen Excusationsfrist, aber sammt der
viermonatigen Beweisfrist des f. 38 de excus. 27,1 als allgemein-

---

65) Der justinianeische Libellprocefs (Wien 1865) S. 282 ff. und sonst.

gültiges Muster für jeden Civilprocefs in Anspruch (S. 2 ff. S. 32 f.).
In dem Excusationsverfahren wird nach Baron (S. 5) ein „Anspruch der Excusanten" verhandelt, derselbe ist „zu formuliren als Recht auf Befreiung von der übertragenen Vormundschaft", und es ist eigentlich nur zu bewundern, und jedenfalls von Barons Standpunkte aus ziemlich willkürlich, dafs nicht wie das übrige, so auch die Verpflichtung, diesen Anspruch binnen 50 Tagen bei Meidung des Verlustes geltend zu machen, auf die übrigen (wahren) Rechte und Ansprüche übertragen wird.
Wo Zeugnisse über das Contumacialverfahren vor M. Aurel sich in den Weg stellen oder auch nur zu stellen scheinen, da lesen wir bei Baron wohl, „dafs ein Rückschlufs von" dem Anspruch auf fideicommissaria libertas, „auf gewöhnliche Vermögensstreitigkeiten unzulässig ist, braucht nicht erst erwiesen zu werden" (S. 79), und „dafs von" dem Anspruch auf eine fiscalische Geldstrafe „ein Rückschlufs auf gewöhnliche Vermögensstreitigkeiten unzulässig ist, liegt auf der Hand" (S. 79). Mit mindestens demselben Recht wie in dem zweiten und mit weit besserem als in dem ersten Falle wird behauptet werden dürfen, dafs von dem Excusations- und Nominationsverfahren, in welchem es sich überhaupt nicht um den Anspruch eines Klägers gegen einen Beklagten, sondern um Befreiung von der Erfüllung einer Staatsbürgerpflicht handelt, ein Schlufs auf den ordentlichen Civilprocefs nicht erlaubt ist, trotzdem jenes Verfahren diesem darin ähnelt, dafs die Gegeninteressenten gehört werden.[66] Man wolle doch auch beachten, woher wir das Denuntiationsverfahren in solchen Vormundschaftsachen kennen. Die Stellen der Vat. fr. §§ 161 sqq. stammen aus Ulpians Monographie de excusationibus. Laienspiegel für ungelehrte Vormünder in dem Sinne, dafs das Allgemeinste des Processes in Anwendung auf das Excusationsverfahren mit zur Darstellung gekommen wäre, ist dieses Buch sicher nicht gewesen. Wenn wir also dort jenes Denuntiationsverfahren so breit auseinandergesetzt finden, wie §§ 161 sqq. citt. erkennen lassen, so darf darin der sicherste Beweis gefunden werden, dafs es sich eben um Eigenthümlichkeiten des Excusationsverfahrens handelt.

66) vgl. Litisdenuntiation S. 180.

Scheidet damit aus der Beweisführung Barons ein wesentliches Element aus, so lassen sich aus seinem historischen Aufbau selbst zunächst zwei Punkte widerlegen: die Einführung des Contumacialverfahrens durch M. Aurel und dessen Eingriff in die Geschworenenverfassung.

Soviel den ersten Punkt angeht, so mag man die bereits oben berührten Zeugnisse über das Verfahren in Sachen fideicommissarischer Freilassung bei Seite lassen, obwohl m. E. das bereits a. 103 erlassene SC. Rubrianum durchaus nicht das Contumacialverfahren für diese Sachen speziell geschaffen, sondern nur das schon bestehende Institut für dieselben besonders ausgebildet hat. Denn wenn das SC. sagt (f. 26 § 7 de fideic. lib. 40,5): si hi, a quibus libertatem praestari oportet, evocati a praetore adesse noluissent, si causa cognita praetor pronuntiasset libertatem his deberi, eodem iure statum servari, ac si directo manumissi essent, so ist das Besondre durchaus nicht, dafs gegen den Contumax erkannt werden kann, er sei verpflichtet, frei zu lassen, sondern dafs diese Verurtheilung zur Freilassung den Sklaven von selbst frei macht.

Die von Baron ebenfalls verworfenen Zeugnisse über das Contumacialverfahren gegen den delator (f. 15 § 2. 4 [Mauric.] f. 42 § 1 [Valens] de iure fisci 49, 14) können mit der Bemerkung, Mauricianus und Valens könnten noch unter M. Aurel gelebt haben, (Baron S. 79) jedenfalls nicht beseitigt werden, denn sie führen das Institut ausdrücklich, auf die Zeit Hadrians zurück.[67] Indessen beweisen diese Stellen allerdings die Existenz des Contumacialverfahrens gegen den Beklagten eben deswegen nicht, weil sie vom delator sprechen, wiewohl es näher liegen dürfte, dafs das Contumacialverfahren von jenem auf diesen übertragen ist, als umgekehrt.

Unbestritten kennt das Contumacialverfahren c. 1 C. J. quom. et quando 7, 43 von Antoninus Pius, und inhalts dieses Rescripts hatte bereits Hadrian das bestehende Institut anerkannt: propter subscriptionem patris mei, qua significavit etiam contra absentes

---

67) F. 15 § 2 cit. referirt ein Rescript Hadrians; § 4 eod. gehört zum Inhalt des in § 3 eod. genannten SC. zur Zeit Hadrians, was durch f. 42 § 1 cit. bestätigt wird.

sententiam dari solere. Allerdings ist wahrscheinlich, dafs hier
vom Strafverfahren die Rede ist,[68] aber nichts zwingt zu der
Annahme, dafs das Contumacialverfahren hier früher aufgekommen
sei als im Civilprocefs. Vielmehr legt f. 5 pr. de poen. 48, 19
(Ulp.): adversus contumaces vero, qui neque denuntiationibus
neque edictis praesidum obtemperassent, etiam absentes pronun-
tiari oportet secundum morem privatorum iudiciorum, umgekehrt die Annahme nahe, dafs es aus dem Civilprocefs in
den Strafprocefs übernommen ist.

Entscheidend aber ist f. 75 de iud. 5, 1 aus Julians l. 36
dig. oder, folgt man Lenel,[69] l. 46 eod., in welchem das Contumacialurtheil in Civilsachen als bestehendes Institut erwähnt wird.
Darüber ist kein Streit. Aber Baron (S. 78) meint, es stehe fest,
dafs Julian „noch unter M. Aurel wissenschaftliche Arbeiten geliefert hat, da er in der seinen Digesten entnommenen l. 12 D. de
neg. gest. 3, 5 den Antoninus Pius als verstorben bezeichnet.“
Gemeint kann nur sein f. 6 § 12 eod. alter Zählung; aber es ist
merkwürdig, hier einem alten von Fitting[70] längst widerlegten
Irrthum zu begegnen ohne jede Andeutung bestehender Zweifel,
seitdem auch Mommsen die angeführte Stelle als f. 5 § 14 eod.
dem Ulpian zugewiesen hat.[71] Aufserdem käme es doch nicht
darauf an, ob Julian unter M. Aurel noch geschriftstellert, sondern,
wann er das 36. oder 46. Buch seiner Digesten geschrieben hat,
und das ist unter Hadrian oder Pius geschehen; denn noch im
Buch 64 (f. 18 qu. met. c. 4, 2) wird der letztere als imperator
Titus Antoninus citirt und spätestens unter den divi fratres ist
Julian hochbetagt gestorben.[72]

Mit gleicher Sicherheit ergiebt sich die Existenz des Contumacialverfahrens im Civilprocess vor M. Aurel aus f. 7 pr. de
i. i. r. 4, 1 (Marcellus l. 3 dig.): Divus Antoninus Marcio Avito prae-

---

68) Baron S. 85.

69) Palingenesia Julian. Nr. 633.

70) Über das Alter der Schriften römischer Juristen (Basel 1860) S. 7.

71) Nicht einmal Citat aus Julian ist dieser §; auch Lenel fafst mit
zweifellosem Recht nur f. 5 § 2 (f. 6 pr.) als ulpianisches Citat aus Julian
auf. Paling. Julian. Nr. 40.

72) Vgl. Fitting a. a. O. S. 6f., Karlowa, Röm. Rechtsgesch. B. 1
S. 707f., Krüger, Quellengesch. S. 167f.

tori de succurrendo ei, qui absens rem amiserat, in hanc sententiam rescripsit: Etsi nihil facile mutandum est ex sollemnibus,
tamen ubi aequitas evidens poscit, subveniendum est. itaque si
citatus non respondit, et ob hoc more pronuntiatum est, confestim
autem pro tribunali te sedente adiit, existimari potest non sua
culpa sed parum exaudita voce praeconis defuisse, ideoque restitui
potest. Das heifst: der geladene Beklagte war gehörig durch den
Rufer aufgerufen, aber nicht vor das Tribunal gekommen, deshalb
war, wie üblich, erkannt, und zwar gegen ihn, er hatte den Pro-
cess verloren. Er meldete sich aber vor Schlufs der ganzen
Sitzung beim Prätor und wird gegen das Urtheil in den vorigen
Stand gesetzt, weil die Möglichkeit besteht (ob es wirklich der
Fall ist, darauf kommt es gar nicht an), dafs er den Aufruf überhört hat. Diese Auffassung ist um so sicherer, als im § 1 ebenfalls von der i. i. r. gegen rechtskräftiges Civilurtheil die Rede ist,
nur aus anderen Restitutionsgründen, und die Überleitung mit
den Worten erfolgt: nec intra has solum species consistet huius
generis auxilium.

Baron (S. 80 ff.) macht hiergegen folgende Einwendungen:
Rem amittere brauche nicht vom Procefsverlust verstanden zu
werden, es bedeute, dafs der Nichterschienene gepfändet oder
multirt sei. Es sage ja f. 14 § 1 de v. s. 50, 16 (Paull.): rem
amisisse videtur, qui adversus nullum eius persequendae actionem
habet. Danach könne rem amiserat jedenfalls eine Pfändung bedeuten; „denn der Gepfändete hatte eben gar keine Klage, bis
sich der Kaiser in dem Rescript seiner annahm." Es ist in der
That schwer, dieser Argumentation zu folgen. Im Sinne irgend
einer nicht zu ermittelnden Spezialvorschrift der Vadimonienlehre [73]
sagt Paulus „rem amittere" sei nur solcher Verlust einer Sache,
welcher gegen niemand eine actio auf Rückgabe begründe. Und
deswegen soll rem amittere bedeuten können, dafs der Prätor
gegen den Abwesenden eine pignoris capio verhängt hat, die
kaum vollzogen sein konnte, ehe er erschien, deren Vollzug jedenfalls die Vorschrift gar nicht voraussetzen würde? Eine actio
hätte der Gepfändete allerdings gegen den Magistrat nicht, das ist
das einzig Richtige an der Ausführung; soll etwa das, dafs der

---

73) Lenel, Das Edictum Perpetuum (Leizig 1883) S. 69.

Kaiser dem Magistrat erlaubte, in integrum zu restituiren, als Aufstellung einer actio gegen den Prätor aufzufassen sein? Es sollte doch auch billiger Weise nicht bezweifelt werden, dafs es von jeher in der Befugnifs des Magistrats lag, eine lediglich wegen Mifsachtung seiner Ladungsgewalt verhängte Mafsregel, Mult wie pignoris capio, aufzuheben, wenn nachträglich genügende Entschuldigung erfolgte, und dafs deswegen also nicht erst unter Antoninus Pius ein Prätor eine kaiserliche Entscheidung extrahirt haben kann, solche Aufhebung auch mit der edictmäfsigen i. i. r. nichts zu thun hat.

Sodann meint Baron, beim Contumacialurtheil in Civilsachen müsse zuvor einseitig verhandelt werden, ehe das Urtheil gesprochen werde, in f. 7 cit. stehe aber nur pronuntiatum, nicht cognitum et pronuntiatum. Lassen denn die Worte ex more pronuntiatum nicht vollen Raum dafür, dafs die Pronuntiation auf der üblichen Grundlage einseitiger Verhandlung ergangen ist?

Endlich führt Baron aus: das Contumacialurtheil sei inappellabel nur dann, wenn es auf echte Contumaz gegründet sei, appellabel, wenn auf scheinbare (f. 73 § 3 de iud. 5, 1 [Ulp.]); hier aber liege scheinbare Contumaz vor; folglich müfste das Urtheil appellabel sein, wenn überhaupt von einem Civilurtheil die Rede sei, und weiter folglich müfste die i. i. r. ausgeschlossen sein, daher von einem Civilurtheil die Stelle gar nicht handeln könne. Zuzugeben wird sein, dafs, wie Unkenntnifs des edictum peremptorium (arg. f. 23 § 3 de app. 49,1 [Pap.]), so auch Überhören des Aufrufs die Appellation gegen das Contumacialurtheil rechtfertigt. Aber einmal sagt das Rescript nicht, dafs restituirt werden soll, wer den Aufruf überhört hat, sondern wer sich vor Schlufs der Sitzung nachträglich meldet, aus dem legislativen Grunde, weil er vielleicht den Aufruf nicht gehört hat. Nehmen wir aber auch an, dafs gegen das fragliche Urtheil Appellation zulässig war, so folgt daraus nicht, dafs die i. i. r. unzulässig war. Denn das ist gerade die wesentlichste Bedeutung der letzteren, dafs sie bei versäumter Appellation Hülfe gewährt. Die angebliche principielle Unverträglichkeit von Appellation und i. i r. gegen dasselbe Urtheil würde z. B. zu dem interessanten Ergebnifs führen, dafs im Falle von f. 7 § 1 cit.: si fraus ab adversario intervenerit, in welchem die i. i. r. zulässig ist, das Urtheil in-

appellabel sein müfste! So wird es doch wohl bei der einfachen
Auslegung sein Bewenden haben müssen, dafs in f. 7 pr. cit.
das Contumacialurtheil in Civilsachen unter Antoninus Pius erwähnt
wird, und dafs dessen Einführung also unter die Verdienste des
„gröfsten Processreformators" M. Aurel nicht gezählt werden kann.
Wir kommen zu dem zweiten Punkte, der angeblichen
Beseitigung des index aus den mit Denuntiation eingeleiteten
Procefssachen durch M. Aurel. Um der Begründung dieser Behauptung folgen zu können, müssen wir einen Augenblick unter-
stellen, dafs es zur Zeit M. Aurels Processe, welche mit Litisdenuntiation eingeleitet wurden, überhaupt gab. In solchen Pro-
cessen sollen vor M. Aurel Geschworene geurtheilt haben. Dafs
M. Aurel dies geändert habe, dafür hat Baron eingestandener
mafsen keinen directen Beweis (S. 43); nur dafür wird Beweis
angetreten, dafs nach M. Aurel im Denuntiationsprocefs Geschworene nicht mehr vorkommen, und dafs diese Wandlung auf
M. Aurel zurückgehe, dafür dient als Argument die sonstige
reformatorische Thätigkeit dieses Kaisers, von welcher nach dem
Obigen bereits ein gutes Stück zu streichen sein dürfte.
Den Beweis für den Ausschlufs der Geschworenen im Denuntiationsprocefs nach M. Aurel soll zunächst enthalten f. 5 § 2
dep. 16, 3 (Ulp.) (S. 43 f.). Dort wird davon gehandelt, dafs der
Sequester auf Antrag, nach Ladung der Sequestranten mittels Denuntiation ex auctoritate praetoris, von seinem Amt entbunden
werden kann, und die Sache dann entweder dem erschienenen
Sequestranten auszuhändigen oder in einem Tempel zu deponiren
ist. Über die Behandlung der sequestrirten Sache sind Pomponius
und Ulpian uneinig; über die Möglichkeit des ganzen Verfahrens
nicht. Wir wollen es nicht einmal betonen, dafs es gar keinen
Grund giebt, die Äufserung des Pomponius in die Zeit M. Aurels
zu verlegen. Denn es ist aufser Zweifel, beweist aber für Baron
nichts, dafs ein Verfahren über einen Gegenstand, wie der hier
vorliegende, Cognitionssache ist und zwar gerade um des Gegen-
standes willen und sicher nicht erst seit M. Aurel. Einen im
Formularprocefs zu verfolgenden Anspruch auf Befreiung hatte
der Sequester nicht, und deshalb wird ihm cognitione praetoria
geholfen, und hiervon ist die Folge, nicht der Grund, dafs die
Gegner im Wege der Evocation denuntiationibus — es ist reiner

Zufall, dafs edicta und litterae nicht mit genannt sind — geladen werden sollen.[74]

Einen weiteren Grund will Baron in dem Contumacialverfahren gefunden wissen, in welchem es bekanntlich keine Geschworenen gab. Ist, so meint Baron (S. 45) „das Contumacialverfahren die eine Seite des Denuntiationsprocesses, so sieht man nicht ein, weshalb auf der andern Seite, nämlich im contradictorischen Denuntiationsprocefs, es anders gewesen sein soll." In Wahrheit aber ist bekanntlich das Contumacialverfahren eben deswegen Cognitionssache, weil die Niedersetzung eines Judicium in Abwesenheit des Beklagten nicht möglich ist; es folgt also daraus für den contradictorischen Procefs gar nichts.

Cognitionssachen und sogenannte Ordinarsachen grenzen sich nach den Objekten ab, und richtig ist, nach allem was wir wissen, dafs im Grofsen und Ganzen erstere durch Evocation, letztere durch in ius vocatio oder vadimonium eingeleitet zu werden pflegten. Die Denuntiationen bei der Evocation sind aber mit der späteren Litisdenuntiation nicht zu verwechseln.[75] Und dafs der Kläger seit M. Aurel dadurch, dafs er die Einleitung durch Denuntiation wählte, die Sache zur Cognitionssache machen konnte, dafür hat Baron dem Vorigen nach nicht den geringsten stichhaltigen Grund beigebracht. Auch den „tiefgreifendsten Angriff auf das Geschworeneninstitut" (S. 45) durch M. Aurel kann man danach nicht zugeben. Dafs dieser Kaiser auch die dilatio instrumentorum causa nicht eingeführt und den ordentlichen Civilprocefs nicht mit einer viermonatigen Beweisfrist ausgestattet hat, wird sich bei Prüfung von Barons Auffassung über das Wesen der Litisdenuntiation und ihrer Frist ergeben.

Der Form nach ist die Litisdenuntiation vor Constantin auch nach Barons Auffassung (S. 120 f.) „ein reiner Privatakt vor Zeugen unter gleichzeitiger Aufnahme einer Urkunde", welches ich als das wenigstens übliche Verfahren ebenfalls angenommen habe.[76] Nur ist das von Baron (S. 121) dafür verwandte Zeugnifs des f. 8 pro derel. 41, 7 (Paull.) nicht anzunehmen; denn testato conventus in solvendis alimentis kann füglich die aufsergerichtliche Leistungs-

---

74) Litisdenuntiation S. 49 f. 139 f.
75) Litisdenuntiation § 22.
76) A. a. O. S. 193 ff.

aufforderung vor Zeugen bedeuten,[77] und Barons ganze Gründe
bestehen in dem Satz, jene Worte können „füglich nicht anders
als mit Denuntiation zum Zweck der Klage wiedergegeben werden, denn der Ausdruck denuntiatione convenire ist in unsern
Quellen so häufig, dafs Wieding die Behauptung aufgestellt
hat, die conventio sei in vielen Fällen der synonyme Ausdruck
für denuntiatio ex auctoritate."[78]

In Bezug auf die von Constantin (c. 2 C. Th. h. t. 2, 4 a. 322)
eingeführte Form der Litisdenuntiation hat Baron das Verdienst,
schon in seinen Institutionen[79] das wahrscheinlich Richtige bemerkt zu haben. Die Denuntiation erfolgt danach so, dafs der
Kläger sich an eine mit dem ius actorum conficiendorum ausge-
stattete Behörde wendet und diese einen Officialen stellt, welcher
den Kläger zum Beklagten begleitet, und in dessen Gegenwart der
Kläger dem Beklagten einen Klagibell einhändigt, worüber dann
die angegangene Behörde auf das Zeugnifs des Officialen hin eine
Bescheinigung ausstellt.[80]

---

77) A. a. O. S. 67 f.

78) Die Bemerkung Barons S. 121¹, dafs Testationen auch sonst im
römischen Recht oft vorkommen, ist sehr richtig; allein wenn Baron meint,
dafs bei dem testato erfolgenden Überbringen des Decrets in Vat. fr. § 156
nach § 166 daselbst der Überbringer selbst als Zeuge dient, so wird davon
nicht blofs in § 166 cit. kein Wort gesagt, sondern diese Auffassung verräth
auch eine ganz irrige Vorstellung vom Wesen der Testation: die Zeugen sind
nothwendig andere, als die Personen, welche den bezeugten Act vollziehen.
Hierüber kann jede erhaltene Zeugenurkunde zum Belege dienen.

79) (Berlin 1884) S. 380.

80) Baron, S. 123 ff.; meine Litisdenuntiation S. 195 ff. Man darf aber
nicht mit Baron (S. 122) schreiben, es könne denuntiirt werden, „nicht blofs
bei richterlichen Behörden (apud rectores provinciarum), sondern auch bei
Municipalbehörden (apud eos quibus actorum conficiendorum ius est z. B. dem
curator civitatis, dem magister census)." Denn dann verkennt man, dafs die
Municipalmagistrate auch damals noch richterliche Behörden waren, und dafs
zwar allenfalls der curator civitatis (untechnisch), der hauptstädtische magister
census aber gar nicht als Municipalbehörde bezeichnet werden kann. Es ist
auch nicht, wie Baron S. 125 schreibt, in c. 5 C. Th. de rep. app. 11, 31
curator „die Municipalbehörde", magistratus „die richterliche Behörde", sondern magistratus der Municipalmagistrat und curator der von den Municipal-
magistraten im technischen Sinne zu unterscheidende curator civitatis. Vgl.
über diese Dinge Bethmann-Hollweg, Civilpr. B. 3, § 138; Karlowa,
Röm. Rechtsgesch. B. 1, S. 893 ff. 865 f.

Allerdings habe ich dann weiter angenommen, dafs späterhin es ausschliefslich üblich wurde, sich wegen der Bewilligung der Denuntiation an das Procefsgericht zu wenden, und die Mitwirkung des Klägers bei Ausführung der Denuntiation fortfiel, diese vielmehr vom Officialen allein besorgt wurde.[81] Hierauf zurückzukommen, bietet Baron keine Gelegenheit.

Der wichtigste Punkt bei jeder Auffassung der Litisdenuntiation bleibt die Bedeutung der ihr eigenthümlichen Frist. Auch Baron (S. 129 ff.) läfst dieselbe beginnen mit der procefseinleitenden Litisdenuntiation, so dafs auch von seinem Standpunkte aus die Gestaltung etwaiger weiterer Ladungen, wenn Beklagter jener nicht folgte, für die Bestimmung der Frist nicht in Betracht kommt. In der Auffassung der Frist als einer Beweisfrist lehnt sich Baron (S. 143 ff.) an Bruns[82] an, weicht aber darin von ihm ab, dafs er die Frist bestimmt sein läfst für die Beweisführung beider Parteien. Für diese Auffassung hat Baron in der Hauptsache zwei neue Gründe, einmal nämlich die Behauptung, dafs die dilatio instrumentorum causa eine Frist zur Führung des Beweises und eine Verlängerung der Litisdenuntiationsfrist sei (S. 133 ff.). während sie in Wahrheit von dieser ganz unabhängig und eine völlige Aussetzung des Rechtsstreits ist, so dafs, so lange sie dauert, gerichtlich gar nichts geschieht; und sodann die Annahme, dafs die im Excusationsprocefs der Vormünder vorkommende Beweisfrist von 4 Monaten die Litisdenuntiationsfrist sei (S. 27 ff.), während sie mit dieser schlechterdings nichts anderes gemein hat als die Länge.

Wir beginnen mit dem letzteren Punkte. Die Stütze der Auffassung Barons ist f. 38 de excus. 27, 1 (Paull.): Quinquaginta dierum spatium tantummodo ad contestandas excusationum causas pertinet: peragendo enim negotio ex die nominationis continui quattuor menses constituti sunt.

Der gewöhnlichen Annahme nach meint Paulus: die Beweisführung des Excusanten mufs erfolgen binnen vier Monaten vom Tage der ihm bekannt gewordenen — das wäre zu subintel-

---

81) A. a. O. S. 199. 201 f.

82) Syrisch-römisches Rechtsbuch S. 240 f.

ligiren — Ernennung zum Vormunde.[83] Allerdings ist nicht zu
leugnen, dafs damit in die Stelle etwas hineingetragen ist, was
sie nicht sagt, und was doch nothwendig einverstanden werden
müfste, wenn nominatio auf die Ernennung zum Vormunde ginge.
Es bedeutet auch bekanntlich nominare tutorem im allgemeinen
nicht die Ernennung zum Vormunde, sondern die Benennung
jemandes als eines geeigneten Candidaten an den competenten
Vormundschaftsrichter, und in der Verbindung potiorem nominare
die Benennung eines besseren Candidaten seitens des zunächst be-
stellten Vormundes.[84] Die letztere ist aber bei Justinian ver-
schwunden, und von der Benennung etwa seitens des Munici-
palmagistrats kann die Frist unmöglich beginnen, weswegen für
das justinianische Recht kaum etwas anderes übrig bleibt, als die
Stelle im Sinne der herrschenden Meinung zu verstehen.

Das hindert aber nicht, dem sehr annehmbaren Vorschlage
Barons zu folgen und im Sinne des Paulus nominatio als potioris nominatio zu nehmen.[85] Dann ergiebt sich, dafs die Frist mit
der Nomination, d. h. mit der Benennung des bessern Candidaten
bei Gericht beginnt, und bei dem Parallelismus von Nomination
und Excusation[86] mufs für letztere der Fristbeginn mit Anbringung des Excusationsgesuchs bei Gericht angenommen werden.
Damit hat aber Baron der Annahme, dafs die Frist mit der den
Excusations- und Nominationsprocefs einleitenden privaten Denuntiation an den Gegner beginnt, selbst den Riegel vorgeschoben.
Zwar sagt er (S. 29), die Frist beginne mit „dem gerichtlichen
Anbringen des Excusationsgesuchs und der gleichzeitigen denunt. suo nomine" und (S. 29²), nominatio stehe „für die Anbringung des Excusationsgesuchs bei Gericht resp. für die gleich-

---

83) Glück, Commentar B. 32 (Erlangen 1829). S. 107 f.; Rudorff, Das
Recht der Vormundschaft B. 2 (Berlin 1833), S. 199 f.; Windscheid, Pandekten 6. Aufl. (Frankf. 1887) B. 2, § 435³.

84) Vgl. Windscheid, Pandekten B. 2, § 444⁵ und die dort angeführten
Stellen; auch lex Salpens. XXIX, wo tutorem nominare und dare einander
scharf gegenüberstehen.

85) Potioris können die Compilatoren gestrichen haben (Baron S. 29³).
Es ist aber auch möglich, dafs es bei Paulus nicht stand, sondern aus einem
jetzt fortgefallenen Passus zu ergänzen war.

86) Dieser ist Baron S. 5 ff. unbedenklich zuzugeben.

zeitige denuntiatio suo nomine. Aber dafür, dafs beide Akte absolut gleichzeitig, (was gar nicht möglich ist,) oder doch, worauf es ankommen würde, an einem und demselben Tage erfolgen mufsten, hat Baron gar keine Gründe, so oft er auch mit ähnlichen Wendungen wie oben das eine als gleichzeitig mit dem andern hinzustellen sucht.[87] Waren aber die Anbringung der Excusation (Nomination) und die Denuntiation nicht von Rechtswegen gleichzeitig, so kann ein Rechtssatz nicht eine Frist von beiden zugleich beginnen lassen. Beginnt also die Frist mit der Anbringung der Excusation oder der potioris nominatio bei Gericht, so beginnt sie eben nicht mit der Denuntiation und ist folglich schon deswegen von der Litisdenuntiationsfrist grundverschieden. Daher denn diese Frist, welche allerdings Beweisführungsfrist ist, nichts für den gleichen Charakter der Litisdenuntiationsfrist beweisen kann. Eine für beide Theile geltende Beweisfrist aber, wie die Litisdenuntiationsfrist nach Baron sein soll, ist die Frist des f. 38 cit. durchaus nicht. Den Gegner des Excusanten trifft sie nicht, er kann sie getrost überschreiten, nur mit der Mafsgabe, dafs, wenn seine Beweisführung länger dauert, die Frist auch für den Excusanten, wohl bemerkt: ohne Dilation oder Reparation, ganz von selbst sich hinausschiebt, so dafs er auch seinerseits in der Beweisführung für die Excusationsgründe fortfahren kann: Dies ist der Sinn des auf f. 38 cit. unmittelbar folgenden Fragments (Tryphon.): Si, cum ipse institueret, ut proferret excusationem, mora contradictionis impeditus est, quominus decreto liberaretur, excusationem recte probari. Für diesen Ausspruch wird man die hier gegebene bekannte[88] Auslegung so lange festhalten dürfen, bis mehr dagegen gesagt wird, als, das Fragment biete „so viel Schwierigkeit", dafs man „darin die Hand der Compilatoren zu erkennen glaube."[89]

87) Wenn es z. B. S. 14 heifst, der Denuntiat wisse bei der Denuntiation, dafs die Sache „gleichzeitig bei Gericht anhängig gemacht worden ist", so kann denn doch wohl ernstlich nur gemeint sein, dafs die Anbringung bei Gericht der Ladung vorangeht.

88) Glück a. a. O. S. 109 in den Grundzügen wie oben.

89) Baron S. 31. Die Sache liegt ganz ähnlich, wie in f. 39 pr. de min. 4, 4 (Scaev.): Wird die Frist zur Erwirkung der i. i. r. überschritten, so schadet das dann nichts, wenn es durch eine verzögerliche Incidentappellation des Beklagten herbeigeführt ist.

Wäre aber auch dies alles anders als es ist, so folgte aus
f. 38 cit. für die Litisdenuntiationsfrist nichts, weil die Stelle geschrieben ist zu einer Zeit, als die Litisdenuntiation — was allerdings Baron bestreitet — noch nicht bestand, weil sie in den
Digesten reproducirt ist zu einer Zeit als jene — womit Baron
übereinstimmt — nicht mehr bestand, weil sie ein Procefsver-
fahren mit ganz eigenthümlichem Gegenstande betrifft, und weil
nichts besser die Singularität dieser Procedurart zeigt, als der
Umstand, dafs die Frist inhalts des f. 38 cit. speciell für diese
eingeführt ist und zu einer Zeit fortbesteht, wo, mag man über
die Litisdenuntiation denken, wie man will, der regelmäfsige Procefs eine gleichartige Beweisfrist unbestritten durchaus nicht aufzuweisen hat. Soviel das klassische Recht angeht, findet Baron
selbst (S. 45), dafs die viermonatige Beweisfrist nicht zum Geschworenenprocefs passe. Das ist gewifs richtig und zwar nicht,
wie Baron meint, weil der Geschworene den Moment der Denuntiation nicht hätte kennen können — da wäre wohl Rath zu
schaffen gewesen —, sondern weil die Frist, welche das Verfahren
in iure und das in iudicio bis unmittelbar vor dem Endurtheil
einschliefsen müfste, viel zu kurz ist. Dies aber spricht nicht
gegen die Verwendung der Geschworenen, sondern ist ein Grund
mehr gegen die Übertragung der viermonatigen Beweisfrist des
Excusationsverfahrens auf den ordentlichen Civilprocefs.

Betrachten wir nun die dilatio instrumentorum causa. Wäre
richtig, dafs diese eine Beweisführungsfrist und zugleich eine Verlängerung der Litisdenuntiationsfrist wäre, so wäre allerdings sehr
sicher, dafs auch die Litisdenuntiationsfrist dieselbe Bedeutung
haben müfste. Es ist aber die erste wie die zweite Prämisse
unrichtig.

Die dilatio instrumentorum causa wird allgemein[90] und mit
zweifellosem Rechte als eine Aussetzung des Verfahrens zwecks
Herbeischaffung der Beweise aufgefafst; von einer Frist zur
Führung des Beweises unterscheidet sich das in dem sehr
wesentlichen Punkte, dafs innerhalb einer Frist letzterer Art gerichtlich zu handeln, der Beweis dem Richter zu führen ist, wäh-

---

90) Bethmann-Hollweg, Civilpr. B. 2, S. 177. B. 3, S. 194, Wetzell
Civilpr. S. 924 f. Meine Litisdenuntiation S. 226[10].

rend innerhalb der dilatio instrumentorum causa vor Gericht überhaupt nicht zu verhandeln ist, sondern vielmehr iudicis officium conquiescit, so dafs die Parteien erst nach Ablauf der Dilationszeit, die sie zur aufsergerichtlichen Sammlung ihres Materials benutzen, vor Gericht wieder erscheinen.

Zunächst ist differre, dilatio der technische Ausdruck für Vertagung oder für Aussetzung des Rechtsstreits auf längere oder kürzere Zeit aus ganz verschiedenen Gründen. Die Aussetzung aller Processe auf 30 Tage, welche der Senat gelegentlich der Bacchanalischen Unruhen verfügte (196 v. Chr.), heifst res differre[91]; die Vertagung einer Verhandlung des Centumviralgerichts aus einem besonderen Grunde öffentlichen Interesses heifst dilatio.[92] Die Aussetzung des Verfahrens in der Unterinstanz wegen einer Appellation gegen ein Interlocut ist differre cognitionem.[93] Die Aussetzung der hereditatis petitio und der status quaestio, sowie aller ihnen präjudicirenden Processe in tempus pubertatis nach dem edictum Carbonianum ist processualisch eine dilatio iudicii: iudicium in tempus pubertatis causa cognita differtur. (F. 1 pr. de Carb. ed. 37, 10 [Ulp.].)[94] Nichts anderes gilt von der Aussetzung eines Processes auch in andern Fällen der Präjudicialität: Divus Traianus rescripsit differendum de libertate iudicium, donec de inofficioso iudicium aut inducatur aut finem accipiat. (F. 7 pr. de her. pet. 5, 3 [Ulp.]).[95] Von der Aussetzung des Verfahrens nach der Litiscontestation der Ferien wegen heifst es: alterutro recusante post litem contestatam litigare dilationem oratio concessit. (F. 1 § 2 de fer. 2, 12 [Ulp.].)

Aussetzung auf Antrag einer Partei zum Zwecke der Zuziehung eines Beistandes, welche sich schon unter Tiberius findet, gehört ebenfalls unter den Begriff der dilatio. Nach einer hübschen Erzählung bei Sueton (de grammat. c. 22) hielt M. Pomponius

---

91) Liv. 39, 18. Vgl. Hartmann, der ordo iudiciorum, ergänzt von Ubbelohde (Göttingen 1885) S. 388.

92) Plin. epp. V, 9 (21).

93) F. 39 pr. de min. 4, 4 (Scaev.).

94) Und so noch oft in demselben Titel. Mit Bezug auf den Strafprocefs: propter impuberem filium vult dilationem ab accusatore impetrare (f. 12[11] § 9 ad l. Jul. de adult. 48, 5 [Pap.]).

95) Vgl. Bülow, die Lehre von den Procefseinreden und die Procefsvoraussetzungen (Gicfsen 1868) S. 135 ff. mit weiteren Belegen.

Marcellus, ein Grammatiker zur Zeit jenes Kaisers, sich in einer
Gerichtsrede so lange über einen Sprachfehler auf, dafs sein Gegner Cassius Severus eine dilatio beantragte: interpellatis iudicibus
dilationem petiit: ut litigator suus alium grammaticum adhiberet,
quando non putat is cum adversario de iure sibi, sed de soloe-
cismo controversiam futuram. D. h. er beantragte Aussetzung
der Verhandlung, damit seine Partei einen Grammatiker zuziehen
könne, weil der Gegner die Sache zum Streit über Sprachfehler
mache. Dieser ironische Antrag setzt den Rechtssatz voraus, dafs
Dilation zum Zwecke der Zuziehung eines Beistandes bewandten
Umständen nach ertheilt werden kann.

Aus späterer Zeit ist bezeugt, dafs die Parteien auch Aussetzung des Rechtsstreits vereinbaren konnten, welche Befugnifs
Arcadius einschränkte; auch das ist dilatio: c. 1 C. Th. de dilat.
ex cons. 11, 33 (a. 395): cognitiones omnes, quoties consensu
partium differuntur, ultra duos menses differendi non habeant
potestatem, ne paullatim libera dilatione concessa aetates plerum-
que iurgantium veternosis litibus consenescant.

Besonders zu beachten ist, dafs eine Frist-Verlängerung die
dilatio in allen diesen Fällen nicht ist, dafs sie als dilatio iudicii,
controversiae, cognitionis, und nicht etwa als dilatio temporis
erscheint.

Nun ist die instrumentorum causa gegebene dilatio eine
dilatio wie jede andere, eine Aussetzung des Verfahrens, nur
durch Grund und Zweck ausgezeichnet und deshalb besonders ausgebildet. Hierfür spricht, obwohl noch nicht ganz zwingend, f. 36
de iud. 5, 1 (Callistr.): Interdum ex iustis causis et ex certis per-
sonis sustinendae sunt cognitiones: veluti si instrumenta litis apud
eos esse dicantur qui rei publicae causa aberunt: idque divi fratres
in haec verba rescripserunt. humanum est propter fortuitos casus
dilationem accipi, veluti quod pater litigator filium vel filiam vel
uxor virum vel filius parentem amiserit, et in similibus causis
cognitionem ad aliquem modum sustineri. Mommsen unter Beifall Lenels[96] meint, dafs die Worte des Rescripts fehlen. Möglich
ist aber doch, dafs wir sie in den Worten humanum cet. besitzen.[97]
Die Congruenz zwischen dem Rescript und der vorhergegangenen Aus-

96) Palingenesia Callistratus No. 4.
97) Wie Baron S. 142, ohne des Zweifels zu gedenken, annimmt.

führung des Callistratus bestände dann darin, dafs aus gewissen
Gründen mit dem Verfahren inne zu halten, d. h. Dilation zu er-
theilen ist, und es würde nur der Jurist dies auf ein anderes Beispiel
anwenden, als diejenigen, welche die Kaiser anführen. Das ist ein
durchaus denkbares Verhältnifs. Die Frage ist indessen von unter-
geordneter Bedeutung. Denn sicher ist, dafs die Kaiser im wesentlichen das rescribirt haben, was Callistratus mittheilt, und dafs
die Stelle dilationem accipi gleichwerthig mit cognitionem sustinere
gebraucht, wie ja auch eine Dilation wegen Familientrauer gar
nichts anderes sein kann, als eine Aussetzung des Verfahrens,
damit die betheiligte Partei sich der Familienangelegenheit wid-
men kann. Und nichts als einer unter vielen Gründen, aus denen
sustinendae sunt cognitiones, das Verfahren auszusetzen ist, ist
der Umstand, dafs die Beweismittel sich bei einem dritten befinden,
der rei publicae causa abwesend ist. Für die gewöhnliche dilatio
instrumentorum causa ist damit der Beweis deswegen noch nicht
sicher geführt, weil Callistratus von einem besonderen Falle handelt, in welchem man zur Zeit wegen Abwesenheit desjenigen,
von dem die Beweismittel einzufordern sind, diese überhaupt
nicht herbeischaffen kann. Dafs aber auch die sonst instrumentorum gratia ertheilte Dilation dieselbe Bedeutung als Aussetzung
des Verfahrens gehabt hat, würde man doch wohl nach dieser
Analogie und auf Grund des Umstandes allein behaupten dürfen,
dafs sie unter den Begriff der dilatio gebracht wird, auch wenn
es nicht mit der wünschenswerthesten Klarheit in c. 3 C. J. de
dilat. 3, 11 (a. 318) bezeugt wäre. Constantin sagt dort: Sive pars
sive integra dilatio fuerit data, eo usque iudicis officium con-
quiescat, donec petiti temporis defluxerint curricula.
feriae autem, sive repentinae sive sollemnes sint, dilationum temporibus non excipiantur, sed his connumerentur. Dafs diese Vorschrift sich auf die dilatio instrumentorum causa bezieht, bezweifelt niemand und kann auch nicht bezweifelt werden, wegen
der Stellung des Erlasses im C. J. und weil die Begriffe pars dilationis und integra dilatio feststehende Dilationsmafse voraussetzen, die es nur, seit Diocletian, für die dilatio instrumentorum
causa giebt.

Danach aber ruht während Laufs der dilatio instrumentorum
causa das Richteramt, sie ist also gänzliche Aussetzung des Pro-

cesses; daher denn auch die Ferien in die Dilationszeit einzu-
rechnen sind, weil ja ohnehin die Zeit zu gerichtlichem Handeln
nicht bestimmt ist. Die Entscheidung Constantins ist so unzwei-
deutig, dafs dem gegenüber Wendungen, in welchen die Dilation als spatium instructionis exhibendae bezeichnet (c. 1
pr. C. J. eod. [a. 294]), oder gesagt wird, sie sei bestimmt ad pro-
banda precum mendacia vel proferenda aliqua instrumenta vel
testes (c. 1 C. Th. de dil. 2, 7 — c. 2 C. J. eod. [a. 314]), nur als un-
genaue Redeweise gelten können. Dies ist um so weniger bedenklich, als daneben auch in c. 2 C. Th. eod. (a. 327) gesagt wird,
der Kläger könne sich der Dilation in requirendis probationi-
bus bedienen, ein Ausdruck, den zwar Baron neben den vorigen
(S. 146 f.) als Beleg seiner Auffassung anführt, der aber entschieden
gegen ihn spricht.[98]

Das zweite unentbehrliche Glied in der Schlufskette Barons
ist, dafs die Dilation eine Verlängerung der Litisdenuntiationsfrist
wäre. Als directen Beweis dafür führt Baron (S. 135) an c. 4
C. Th. de denunt. 2, 4 (a. 385): ... Et si quis perennitatis nostrae
pendentibus temporibus responsa protulerit, non modo tempora,
quorum erunt curricula, non dilatentur, sed et quicquid elicitum
erit, frivolum iudicetur. Dort ist aber von der dilatio instrumentorum causa gar nicht die Rede, sondern davon, dafs, wenn die
Litisdenuntiationsfrist durch Edition eines ersten Rescripts normirt
ist, sie durch ein zweites nicht anderweit normirt und so erwei-
tert werden kann.[99] Baron gründet seine Auffassung auf die
Worte: tempora ... von dilatentur; allein dies kommt von dila-
tare, nicht von differre, und führt substantivisch auf eine dilatatio
temporum, nicht eine dilatio, scl. negotii (controversiae, iudicii),
und die Auffassung der dilatio als einer Fristverlängerung ist
danach einfach auf einen sprachlichen Irrthum gestützt.

In c. 3 C. Th. de dilat. 2, 7 (a. 340)[100] wird allerdings die
dilatio instrumentorum causa neben der Litisdenuntiationsfrist
erwähnt. Die Länge der letzteren wird normirt und dann gesagt:
utrique parti petendae dilationis per defensores suos copia non

---

98) Die übrigen dort in Bezug genommenen Wendungen sind ganz in-
different.

99) Litisdenuntiation S. 244 ff.

100) Baron S. 136. 138.

neganda, si hoc commoditatus ratio postulaverit. Aber nichts deutet an, dafs die dilatio eine **Verlängerung** der Litisdenuntiationsfrist ist. Vielmehr ist die Stelle mit der Auffassung sehr gut verträglich, dafs am letzten Tage der Litisdenuntiationsfrist die Verhandlung zu eröffnen ist, dann aber aus Gründen in contradictorischer Verhandlung zwecks weiterer aufsergerichtlicher Sammlung von Beweismaterial sofort dilatio begehrt werden kann.[101] Denn auf contradictorische Verhandlung durch Decret pro tribunali wird die Dilation ertheilt (c. 4 C. J. de dilat. 3, 11 [a. 318]), und das kann geschehen, ganz gleichgültig, in welcher Form die Procefseinleitung stattgefunden hat.

Auch im syrisch-römischen Rechtsbuch tritt die dilatio instrumentorum causa in Verbindung mit der Litisdenuntiation auf. Auch hier aber ist das Verhältnifs nicht anders zu denken als in c. 3 cit. Und Baron sagt selbst (S. 183): „dafs sie (die dilatio instr. c.) aber eine Dilation der viermonatlichen Frist ist, wird mit keinem Worte angedeutet." Das ist sehr richtig, nur nicht unter die „Irrthümer" und „Unklarheiten" (Baron S. 184) des Rechtsbuchs zu zählen.[102] C. 2 C. Th. de dilat. 2, 7 (a. 327)

101) Litisdenuntiation S. 225. 253.

102) Dafs es deren enthält, ist allerdings aufser Zweifel, und, dafs es eine unsichere Grundlage der Forschung ist, ergiebt sich noch mehr als bei unbedingter Anerkennung der Bruns-Sachau-schen Übersetzung, wenn man von Kennern des Syrischen und Arabischen erfährt, dafs diese Übersetzung keineswegs allseitig zweifellos ist. In dieser Richtung haben die Herren Professoren Dr. Baethgen und Dr. Thorbecke zu Halle, denen ich hierdurch verbindlichst danke, mir, ersterer für das Syrische, letzterer für das Arabische, ihre freundliche Hülfe gewährt. Ich verdanke denselben namentlich folgende Bemerkungen. In L. §75 Abs. 1 heifst es bei Bruns-Sachau: „von wo nimmt die Zeit den Anfang nach dem Herankommen in Folge der παραγγελία." Wessen Herankommen gemeint ist, bleibt dabei unklar; das der Parteien ist es nicht, weil von deren Erscheinen die Frist notorisch nicht beginnt; von ihrem eigenen Herankommen kann die Zeit auch nicht den Anfang nehmen. Es ist aber vielleicht zu übersetzen: nach der Darbringung in Folge der παραγγελία, oder nach der Darbringung, welche durch die παραγγελία erfolgt, d. h. also nach der Litisdenuntiation, welche ja Darbringung eines Schriftstücks ist. Im zweiten Absatz desselben Paragraphen steht nicht: „der Tammuz ist gleich Julius," sondern „Julius, der, welcher Tammuz ist." Es wird also nicht der Tammuz, welcher vorher genannt ist, durch Julius wiedergegeben, sondern umgekehrt vom Julius ausgesagt, er sei Tammuz. Hierdurch

hatte schon Bruns[103] mit der Litisdenuntiationsfrist in Verbindung gebracht. Nach Baron (S. 146 [1]. S. 137 [2]) handelte die Stelle

---

103) Syrisch-römisches Rechtsbuch S. 241.

wird bewiesen, dafs schon vorher der Julius genannt ist, und es ergiebt sich also, dafs der Syrer das Original lückenhaft wiedergiebt, worauf auch das hindeutet, dafs von den beiden vorher vorkommenden Monaten, Tammuz und Tischri I, nur der erstere, nicht auch der letztere mit dem römischen Kalender geglichen wird. Im dritten Absatz steht: „die Fristen aber, die man giebt nach den Gesetzen, sind drei Monate und sechs und nach ihnen neun" u. s. w. so dafs der Sinn sein müfste, dafs die neunmonatige Dilation zeitlich auf die sechsmonatige folgt, was zum römischen Rechte zweifellos nicht pafst. Es steht auch am Schlufs des Absatzes nicht „je nachdem" die Orte fern sind, sondern „insofern" die Orte fern sind, wahrscheinlich Übersetzung griechischer genitivi absoluti, ohne den distributiven Sinn des „je nachdem." Danach ist dem Syrer die Abstufung der Frist nach der Entfernung der Ortschaften, von woher die Beweismittel zu holen sind, nicht klar gewesen. In dem (auch sonst verdorbten) vierten Absatz wird der Handschrift nach die Dauer der Dilation davon abhängig gemacht, ob „sein Sohn" in der Macht des ἡγεμών ist oder des Richters „des Ortes" (nicht: „der Provinz"). Durch die Conjectur „der Verklagte" statt „sein Sohn" kommt die Sache nach römischem Recht auch nicht in Ordnung; denn es kommt nicht darauf an, wo der Beklagte, sondern wo die Beweismittel sich befinden. Den entsprechenden Ar. § 47 kann man mit Sicherheit nicht dafür anführen, dafs die dilatio instrumentorum causa von dem Richter bewilligt wird. In dem Passus der Bruns-Sachauschen Übersetzung: „Und die Termine, welche der angegangene (Richter) bewilligen soll" u. s. w. ist Richter nur ergänzt. Das entsprechende arabische Wort heifst: „der Vorgeforderte" oder „das Geforderte," und wörtlich wäre zu übersetzen: „Die Termine, bis auf welche er den Vorgeforderten (Beklagten) oder das Geforderte hinausschieben mufs."

In L. § 76 lautet der Anfang so wie bei Bruns-Sachau. Die in meiner Litisdenuntiation S. 280 auf Grund der Übersetzung des Arabischen aufgeworfene Frage, ob nicht vielleicht gelesen werden dürfe: was soll der Beklagte thun auf Grund des Ablaufs der παραγγελία? ist zu verneinen; es steht fest, dafs der Sinn ist: auf Grundlage der προθεσμία werde der Procefs angefangen. In der Antwort steht dann auffälliger Weise nicht, nach der παραγγελία, sondern nach den παραγγελίαι wartet er bis zu 4 Monaten. Allerdings kann der Plural auf einem oft vorkommenden und leicht erklärlichen Schreibfehler beruhen, der nur in Verdoppelung eines Punktes besteht.

Zu Ar. § 46 ist die in meiner Litisdenuntiation S. 279f. vertretene Auffassung der Frage dahin: was soll der Beklagte thun, der sich auf die Terminsversäumnifs des Klägers beruft, aufzugeben. Die Frage ist zu übersetzen: „Was ist nöthig zu thun für denjenigen, den sein Gegner herangezogen (vor Gericht gezogen) hat, damit der Richter für ihn zu seinem Recht entscheide,

von dem Fall, dafs der Antrag auf die Dilation der Denuntiationsfrist versäumt, und hiergegen i. i. r. ertheilt wird. Soll der Antrag
auf Ertheilung der Dilation versäumt werden können, so mufs es
eine Frist geben, innerhalb deren er zu stellen ist. Es müfste
also nach Baron eine besondere Frist geben, innerhalb deren bei
noch laufender Denuntiationsfrist die Verlängerung der letzteren
erbeten werden müfste; so dafs also, wenn jene Frist versäumt
würde, die Litisdenuntiationsfrist aber noch liefe, die Möglichkeit,
die Erstreckung der letzteren zu erbitten, durch i. i. r. wieder
eröffnet werden könnte. Denn, wäre die Denuntiationsfrist selbst
bereits abgelaufen, so könnte nach Barons eigener Ansicht von
Dilation nicht mehr die Rede sein, dann gäbe es nur noch Reparation. Zu diesem wunderlichen Gebäude leiht aber c. 2 cit. nicht
den kleinsten Stein. Wenn etwas sicher bei der Auslegung derselben ist, so ist es das, dafs sie von Erbittung einer dilatio
instrumentorum causa in einem beliebigen Restitutionsprocefs, nicht
von Restitution gegen versäumte Erbittung einer dilatio instrumentorum causa spricht.[104]

Dafs die dilatio instrumentorum causa von der Procefseinlei-
tungsform ganz unabhängig ist und mit der Litisdenuntiation nichts
weiter zu thun hat, als dafs sie in einem durch solche eingeleiteten Processe so gut wie in jedem andern vorkommen kann, geht

---

104) Vgl. Litisdenuntiation S. 273 f.

und der dabei eine Ausflucht sucht mit einer Frist, und wenn die Frist vorüber
gegangen ist, sich versteckt vor seinem Manne (der Gegenpartei)." Es wird
nämlich (und das ist entscheidend gegen meine frühere Auffassung) nicht gefragt, was der Beklagte thun soll, damit der Richter für ihn, den Beklagten,
entscheide, sondern es wird als Zweck des Vor-Gericht-Ziehens angegeben,
dafs der Richter für ihn, d. h. denjenigen entscheide, welcher vor Gericht
zieht. Nach der Construction und nach dem Wortlaut müfste allerdings zunächst angenommen werden, dafs derjenige, der eine Ausflucht sucht mit der
Frist, und der sich versteckt vor seinem Gegner, also im Termin nicht erscheint, der Beklagte wäre. Aber bei der mangelhaften Stilisirung ist möglich,
und wird durch die Antwort gefordert, dafs das Sichverstecken, Nichter-
scheinen, und ebenso das Ausfluchtsuchen auf den Kläger geht. Der Schlufs
des § kann nicht, wie ich Litisdenuntiation S. 278* vermuthet habe, auf das
Verfahren in den von der Litisdenuntiation befreiten Sachen, sondern nur auf
denselben Procefs bezogen werden, von dem im Voraufgehenden die Rede gewesen ist.

8*

auch daraus hervor, dafs sie lange vor der Litisdenuntiation
bestand.

Zwar Baron (S. 42. 140 ff.) behauptet, die dilatio instrum.
causa sei als ein Stück des ganzen Denuntiationsprocesses von
M. Aurel eingeführt, und zwar durch die wohlbekannte oratio
divi Marci. Beweismittel ist f. 7 de feriis 2, 12 (Ulp.): Oratione
quidem divi Marci amplius quam semel non esse dandam instrumentorum dilationem expressum est: sed utilitatis litigantium gratia causa cognita et iterum dilatio tam ex eadem quam ex alia
provincia secundum moderamen locorum impertiri solet et maxime
si aliquid inopinatum emergat. illud videndum, si defunctus ac-
ceperit aliquam dilationem propter instrumenta, an successori quoque eius dari debeat, an vero, quia iam data est, amplius dari
non possit? et magis est, ut et hic causa cognita dari debeat.

„Hiernach", sagt Baron (S. 140), „hat M. Aurel über die
Dilationen ein Gesetz erlassen, in welchem er die Dilation nur
einmal zuliefs." Ganz recht, aber das ergiebt nicht, dafs er die
Dilation eingeführt hat; wenn er verordnete: amplius quam
semel non esse dandam, so hat das den Sinn, dafs er das bereits
bestehende Institut im Interesse der Procefsbeschleunigung beschränkte, in welcher Richtung überhaupt seine sog. Ferienord-
nung sich bewegt, von der wir hier wohl ein Stück vor uns haben.
Dafs zugleich M. Aurel die Abstufung der Dilation nach der Entfernung derjenigen Örtlichkeit vom Gerichtsort einführte, woher
die Beweismittel zu holen sind (Baron S. 141), bleibt möglich,
obwohl Ulpian nur sagt, dafs die Praxis, welche sich an die Beschränkung in der oratio nicht streng band, diese Abstufung be-
obachtete. Die bekannte feste Abstufung auf 3, 6, 9 Monate
jedenfalls führt auch Baron (S. 141) mit Recht auf Diocletian
zurück. (C. 1 C. J. de dil. 3, 11 [a. 294].)

Als ferneren Beweis der Einführung der dilatio instrumentorum causa durch M. Aurel führt Baron (S. 141) f. 1 § 2 de
feriis an, welches bereits oben besprochen ist. Richtig ist, dafs
die dort erwähnte oratio dieselbe ist, wie die in f. 7 cit. genannte.
Allein f. 1 § 2 cit. spricht nicht von der dilatio instrumentorum
causa, sondern von der auf Antrag jeder Partei nach der Litiscontestation zu verfügenden Aussetzung der Sache bis nach Ablauf der Ferien.

In f. 28 § 1 de app. 49, 1 sagt Scävola (l. 25 dig.): Jussus a iudice exhibere secundum praeceptum praesidis provinciae[105] rationes, quas apud se esse caverat, instrumentorum gratia data dilatione nec postea exhibuit ideoque secundum constitutionem recitatam, quła per contumaciam instrumenta non exhibuerat, cum petitor quanti sua interesset exhiberi iurasset, facta erat condemnatio. quaesitum est, an post iusiurandum appellationem interponere possit. respondit nihil! proponi, cur denegandum esset appellationis auxilium. Hierzu bemerkt Baron (S. 142): „Es kann nicht in Zweifel gezogen werden, dafs die von Scävola citirte Constitution eben das Gesetz von M. Aurel ist; wir lernen ein neues Bruchstück derselben kennen: die Contumacialfolgen bei fruchtlos verlaufener Dilation." Wird uns wirklich angesopnen, zu glauben, dafs, wenn der Beklagte eine ihm ertheilte dilatio instrumentorum gratia versäumt, d. h. mit Baron zu sprechen, innerhalb der verlängerten Beweisfrist seine Beweise nicht führt, der Kläger zum iuramentum in litem zugelassen wird? Im Falle des Scävola war geklagt auf Exhibition von Urkunden und zwar allem Anschein nach auf Grund einer Stipulation, durch welche der Beklagte sich verpflichtet hatte, sie dem Kläger zur Verfügung zu halten.[106] Der index hatte auf Exhibition interloquirt, und nun dem Beklagten, nicht zur Beweisführung, sondern zur Beschaffung der Exhibitionsobjekte, eine Dilation gewährt, innerhalb deren die Sache ruhte. Bei wiedereröffneter Verhandlung hatte aber der Beklagte per contumaciam, d. h. absichtlich, obwohl er es konnte, nicht exhibirt und war deshalb auf das eidlich vom Kläger erhärtete Exhibitionsinteresse verurtheilt, wie das bei andern exhibitorischen Ansprüchen auch vorkommt. Und was die recitata constitutio anbetrifft, so ist wenig zweifelhaft, dafs sie von Commodus, nicht von M. Aurel ist: In instrumentis, quae quis non exhibet, actori permittitur in litem iurare, quanti sua interest ea proferri, ut tanti condemnetur reus, idque etiam divus Commodus rescripsit. (F. 10 de in lit. iur. 12, 3 [Callistr.].) „Die Worte recitata constitutio erfahren durch den übrigen Inhalt der l. 28

---

105) Vielleicht geht dies auf eine Bestimmung des Provincialedicts, vielleicht auf die Instruction des iudex für diesen Fall.

106) Etwa wie im Falle des f. 5 fam. here. 10, 2 (Gai.).

keine Erklärung" meint Baron S. 142 [1]. Allerdings nicht; aber
sie bedeuten sehr bekanntem Gebrauch zufolge, dafs der Kläger
die seinen Antrag begründende Constitution, also wohl oben jenes
Rescript des Commodus, vor Gericht verlesen hat.
  Die einzige ernstliche Schwierigkeit könnte sich aus der Ab-
fassungszeit von Scävolas Digesten ergeben, wenn nämlich die Ansicht sicher stände, dafs dieselben wenigstens bis Buch 28 einschliefs-
lich vor Marcus und Commodus verfafst seien.[107] Richtig ist zwar,
dafs Scävola in Buch 7 dig. eine Constitution von Marcus und
Commodus nicht beachtet, inhalts deren ein Sklav von selbst frei
wird, wenn er mit der Auflage der Freilassung veräufsert, und
die Erfüllung dieser Auflage versäumt wird.[108] Aber dafs er in
Buch 28 dieselbe Constitution noch nicht kennt, folgt aus f. 122
§ 2 de v. o. 45, 1 nicht. Unter den dort aufgeworfenen Fragen
kommt nur die in Betracht, ob, wenn dem Schenknehmer unter
Conventionalstrafe auferlegt sei, den geschenkten Sklaven freizu-
lassen, der Erbe des Beschenkten zur Freilassung verpflichtet sei,
auch wenn der Erbe des Schenkers die Conventionalstrafe nicht
einklagen wolle. Wenn der mit Gründen kargende und sich stets
streng an die Fragen haltende Scävola dies lakonisch bejaht, so
folgt daraus keineswegs, er habe nicht gewusst, dafs bei Nicht-
erfüllung dieser Verpflichtung die Freiheit gleichwohl eintrete. Es
steht deshalb nichts der Annahme im Wege, dafs Buch 25 dig. von
Scävola nach Erlafs jener Constitution des Commodus in f. 10 cit.
geschrieben ist, ja man wird getrost sagen dürfen, f. 28 § 1 cit.
enthält den Beweis dafür in sich.
  Dafs die dilatio instrumentorum causa in dem Rescript der
divi fratres in dem oben besprochenen f. 36 de iudiciis bereits
vorkommt, erkennt Baron (S. 142) an, und sicher ist auch, mögen
die Worte des Rescripts vorhanden sein oder nicht, nach dem
Zeugnifs des Callistratus, dafs aus dem Rescript die Zulässigkeit
der dilatio für den Fall zu folgern war, dafs Beweismittel sich
in Händen jemandes befanden, der reipublicae causa abwesend
war. Das ist nun allerdings nicht dasselbe, wie die gewöhnliche

---

107) Fitting, a. a. O. S. 26; Karlowa, Röm. Rechtsgesch. B. 1, S. 733;
Krüger, Quellengesch. S. 195.
108) F. 10 de serv. exp. 18, 7, cf. c. 3 C. J. si mane. 4. 57 (a. 224).

dilatio instrumentorum causa, aber es ist das weiter Gehende; denn es hält länger auf, wenn gewartet werden soll, bis die Möglichkeit eintritt, die Beweismittel herbeizuziehen, als, wenn eine Frist gegeben wird, um die schon jetzt erreichbaren Beweismittel zu holen. Folglich liegt nahe, dafs bei dem Rescript der divi fratres die gewöhnliche dilatio instrumentorum causa bereits bestand. Nun sagt Baron (S. 42) die oratio M. Aurels sei „offenbar" das ältere Gesetz im Vergleich zu dem fraglichen Rescript. Allein solange feststehen wird, dafs die Regierung der divi fratres der Alleinherrschaft M. Aurels voranging, wird man eine Verfügung jener für älter halten dürfen als eine oratio divi Marci, wofern nicht wenigstens Gründe dafür vorgebracht werden, dafs diese in die Zeit von M. Aurel und Verus zurückreicht.[109] Die dilatio instrumentorum causa erscheint aber auch schon unter Trajan als ein wohlbekanntes Institut. Es berichtet nämlich Plinius an Trajan epp. 10,81 (85), dafs in einer Streitsache wegen Rechnungslegung auf förmliche Cognition des Statthalters angetragen sei: postulavitque, ut cognoscerem pro tribunali. Nach Eröffnung der Verhandlungen wurde beantragt: ut longiorem diem ad instruendam causam darem utque in alia civitate cognoscerem. Dem wurde statt gegeben, d. h. eine dilatio instrumentorum causa reinster Gestalt auf contradictorische Verhandlung pro tribunali ertheilt. Dann wurde in Nicaea die Verhandlung wieder eröffnet: Ubi cum consedissem cogniturus, idem Eumolpus tamquam adhuc parum instructus dilationem petere coepit: contra Dion, ut audiretur, exigere. Dicta sunt utrimque multa, etiam de causa.[110] Ego cum dandam dilationem et te consulendum existimarem in re ad exemplum pertinenti, dixi utrique parti, ut postulationum suarum libellos darent. Dafs parum instructum esse heifst: seine Beweise noch nicht gehörig zur Hand haben, wird schwerlich bezweifelt werden.[111] Es wird

---

109) Nicht einmal behauptet hat dies Baron mit Festigkeit. Denn S. 32 heifst es von der in f. 28 § 1 cit. erwähnten Constitution, die nach S. 142 vgl. 140 f. mit der oratio divi Marci identisch sein soll, ihr Autor sei „M. Aurel allein oder in Verbindung mit seinem Bruder."

110) D. h. nicht blofs über die Begründung des Dilationsantrages, sondern die Parteien mischten auch Vorbringen zur Sache selbst ein.

111) Vgl. f. 1 de fide instr. 22, 4 (Paull.).

also vor Plinius in demselben Procefs jetzt die zweite dilatio instrumentorum causa beantragt, und Plinius findet auch dagegen nichts einzuwenden.

Jetzt dürfte die Ansicht, dafs M. Aurel in seiner oratio die Dilation nicht eingeführt, sondern auf einmalige Ertheilung beschränkt hat, wohl als gesichert gelten können.[112] Die Verwendung der Aussetzung des Verfahrens zu dem Zwecke, den Parteien Zeit zur Herbeischaffung von Beweismitteln zu geben, ist auch gerade für den ältern römischen Procefs, der selbst die Zeugenladung bekanntlich den Parteien überliefs, etwas so Natürliches, dafs wohl sicher anzunehmen ist, sie habe gerade zu diesem Zwecke oft statt gefunden, seit überhaupt der Satz galt, dafs den Parteien auf Antrag aus bewegenden Gründen Dilation ertheilt werden kann, und das haben wir oben bereits zur Zeit des Tiberius in einer Weise gefunden, welche zeigt, dafs es auch damals nichts ganz Neues war. Sicherlich hat von jeher die wohlbezeugte lange Dauer der Processe in allen Verfahrensarten[113] wesentlich mit beruht auf Verschleppung durch die Parteien, und diese wiederum auf dem Zeitverlust durch Herbeischaffung von Beweismitteln. Mochte man sich anfangs dabei mit den gewöhnlichen Terminsverlegungen behelfen, so ist doch dem Vorigen nach anzunehmen, dafs man mindestens während der ganzen Kaiserzeit ad hoc auch eine förmliche Aussetzung des Rechtsstreits durch Decret auf Antrag einer Partei nach Anhörung des Gegners verfügte: instrumentorum causa Dilation ertheilte.

Liegt in dieser Entstehungszeit ein Beweis für die Unabhängigkeit der dilatio instrumentorum causa von der Litisdenuntiation, so liegt ein fernerer in dem Umstande, dafs die Dilation im Strafprocefs[114] ebensowohl vorkommt wie im Civilprocefs, während jener die Litisdenuntiation nicht kennt, ein letzter ebenso

---

112) Dem Cognitionsverfahren, in welchem sie bei Plinius erscheint, ist sie nicht etwa eigenthümlich, sie ist auch für Ordinarsachen bezeugt. F. 45 pr. de ind. 5, 1 (Pap.).

113) Bethmann-Hollweg, Civilpr. B. 2, S. 177 f.

114) Paull. 2. 26, 17, f. 10 de feriis 2. 12 (idem), f. 42 (41) ad l. Jul. de ad. 48. 5 (idem), c. 2 C. Th. ut intra annum 9. 36 (a 409).

entscheidender darin, dafs die dilatio instrumentorum causa von
Justinian unverändert aufgenommen ist, die Litisdenuntiation dagegen nicht.

Zwar sucht Baron S. 209 ff. dies dahin zurecht zu legen,
die dilatio habe im justiuianischen Recht ihr Wesen geändert, sie,
die ehemals Verlängerung einer gesetzlich normirten Frist gewesen
sei, sei jetzt eine selbstständige, richterlich bewilligte Frist geworden, für welche das Wort dilatio nun freilich nicht mehr
gepafst habe. Allein das ist eine ganz willkürliche Behauptung,
die dilatio ist nie etwas anderes gewesen, als das, was das Wort
von jeher bedeutet, eine Aussetzung des Verfahrens und nicht
eine Fristerstreckung.

So kann denn die neue Auffassung der Litisdenuntiationfrist
weder auf die Beweisfrist im Excusationsprocefs, noch auf die
dilatio instrumentorum causa gestützt werden, und es giebt auch
noch einen schwerwiegenden Grund dagegen. Nach Baron
soll vorbehaltlich der Fristerstreckung und Fristerneuerung die
Litisdenuntiationsfrist zur Beweisführung beider Parteien bestimmt
sein, und Baron meint (S. 149), der Beklagte könne ja, wenn
der Kläger die ganze Zeit für sich in Anspruch nehme, am
letzten Tage unmittelbar darauf seine Gegenbeweise darlegen. Das
hiefse aber doch, dem Beklagten die Zeit recht knapp bemessen,
und der Trost, dafs er ja dilatio oder reparatio erhalten könne,
ist schlecht genug. Aber wollte man sich auch über das Bedenken,
dafs faktisch der Kläger den Beklagten in der gemeinschaftlichen
Beweisfrist arg beschränken könnte, hinwegsetzen, so scheint doch
eine für beide Theile gleichmäfsig beginnende und endigende Beweisfrist wenigstens das voraussetzen zu müssen, dafs der Beklagte
rechtlich in der Lage ist, zugleich mit dem Kläger die Pro-
duction seiner Beweise zu beginnen; das ist aber nicht der Fall,
wenigstens nicht unbeschränkt; der Einredebeweis wird überhaupt
erst erhoben, wenn der Beweis des Klaggrundes geglückt ist.[115]

Nach allem Dargelegten wird es erlaubt sein, an der früher
vertheidigten Auffassung von dem Wesen der Litisdenuntiation

---

115) C. 19 C. J. de prob. 4, 19 (Diocl. et Max.). Was dort von dila-
torischen Exceptionen steht, gilt sicher auch von peremptorischen und wohl
von allen Einreden. Bethmann-Hollweg, Civilpr. B. 3, §. 267 [19]. 273.

und der ihr eigenthümlichen Frist festzuhalten und zugleich die neue Lehre von den tiefgreifenden Procefsreformen M. Aurels abzulehnen. Was in Ansehung des Untergangs der Litisdenuntiation Neues vorgebracht ist: die Beseitigung der Beweisfrist, fällt von selbst, wenn es richtig ist, dafs diese Beweisfrist nie bestanden hat.

Halle a. S., Buchdruckerei des Waisenhauses.

INHALT.